MANUEL FERNÁNDEZ MUÑOZ

EL GRIAL
DE LA ALIANZA

Un viaje en busca del Arca Perdida en Etiopía

℗

ALMUZARA

© Manuel Fernández Muñoz, 2018
© Editorial Almuzara, s.l., 2018

Primera edición: abril de 2018

Editorial Almuzara • Colección Enigma

Edición de Ana Cabello
Corrección de Rebeca Rueda
Director editorial: Antonio Cuesta
www.editorialalmuzara.com
pedidos@editorialalmuzara.com - info@editorialalmuzara.com

Imprime: Gráficas La Paz
ISBN: 978-84-17418-16-8
Depósito Legal: CO-622-2018
Hecho e impreso en España - *Made and printed in Spain*

Índice

—¿De qué trata este libro? —me preguntó una joven.

—Trata de ti —contesté.

—¡De mí! —exclamó con escepticismo.

—Trata de tu búsqueda, de la historia de tu propio ser, de la recuperación de tu reino.

—Yo nunca he tenido ningún reino.

—Eso es lo que piensas ahora, pero al final de este libro pensarás diferente.

—Entonces, si alguien deseara encontrar ese reino del que hablas, ¿dónde tendría que buscarlo? —insistió.

—¿Dónde buscarías tu propio corazón? —respondí. Pero la muchacha se quedó callada—. Si piensas que el libro que tienes en tus manos es otro de tantos que hablan sobre el Arca de la Alianza, estás muy equivocada. Este libro no habla del Arca, sino más bien de la aventura que viví hasta que conseguí encontrarla. Después de recorrer Egipto, Jordania, Israel, Arabia, Francia, Inglaterra y Etiopía más de mil veces, por fin conseguí descubrir lo que otros tan solo han llegado a soñar. Seguro que hay otros viajes y otros libros, pero no son este viaje ni este libro.

El rey Salomón llevando al Arca de la Alianza al interior del templo.

Introducción

«En cuanto al Arca de Dios, David la había llevado de Quiryat Yearim al lugar preparado para ella, pues le había alzado una tienda en Jerusalén. El altar de bronce que había hecho Besalel, hijo de Uri, hijo de Jur, estaba también allí delante de la Morada de Yahvé. Fueron, pues, Salomón y la asamblea para consultar a Dios. Subió Salomón allí, al altar de bronce que estaba ante Yahvé, junto a la Tienda del Encuentro, y ofreció sobre él mil holocaustos. Aquella noche se apareció Dios a Salomón y le dijo: "Pídeme lo que quieras". Salomón respondió a Dios: "Tú tuviste gran amor hacia mi padre David, y a mí me has hecho rey en su lugar. Ahora pues, oh Yahvé Dios, dame sabiduría e inteligencia para que sepa conducirme ante este pueblo tuyo"».

2º Crónicas 4, 10

Este secreto no me fue transmitido por mi maestro. No me lo dijo ningún santón indio, ni tampoco ningún rabino jasídico, ni tan siquiera lo escuché susurrado en las reuniones de místicos que he podido frecuentar a lo largo y ancho del mundo. Me fue legado un atardecer del mes de ramadán, un día claro y caluroso que precedió a una noche estrellada en la cima de un pequeño monte, a la vera de una mágica fuente donde, junto a un buen amigo convertido al islam y vinculado a una de las cofradías de derviches más añejas que se conocen, subí a rezar antes de romper el ayuno prescrito.

Debo confesar que aquel fue el día de mi segundo nacimiento —o tal vez el tercero o el cuarto. ¿Quién sabe?— y que no me vino bajado del cielo por una paloma, ni por inmersión en las aguas del Jordán, ni sucedió junto al Muro de los Lamentos en Jerusalén, ni tampoco en el Domo de la Roca, ni en la Vía

Dolorosa, ni siquiera en la ciudad santa de La Mecca... Se me dictó al oído por un Ángel —pues ese era el nombre de mi acompañante— más como una confesión, por la necesidad de descargar el peso de su alma, que por la preocupación de que el Nombre Secreto de Dios se perdiese entre los pliegues del tiempo.

Aquel día rompí con mi antigua identidad, se desvaneció todo lo que creía conocer. Como san Pablo, las escamas de mis ojos cayeron y pude ver como si fuera un recién nacido. No obstante, antes de la revelación, tuve que jurar solemnemente observar tres puntos, prefiriendo que mi espíritu vagase eternamente por la tierra antes que violar la sacralidad de mis votos. Por tres veces tuve que comprometerme sobre el sagrado Corán —aunque yo prefiriera claramente la Biblia— a no revelar el secreto, conjurándome a mantener la discreción en todo momento, compañía y lugar.

—En el verdadero Nombre de Dios solo se puede meditar. ¿Juras? —dijo Ángel mirándome a los ojos.

—¡Juro! —exclamé.

—El verdadero Nombre de Dios no se puede pronunciar sin cometer herejía. ¿Juras?

—¡Juro! —proferí por segunda vez.

—El verdadero Nombre de Dios no se puede revelar. ¿Juras?

—¡Juro! —dije por tercera vez.

Entonces me fue susurrada la Palabra, al oído, a través de un silbido. Así se me insufló la vida... y después todo quedó en silencio. Durante el tiempo que duró mi mutismo, los ojos de Ángel no se despegaron de mí, sin yo encontrar nada que decir mientras mi alma se sumía en la más completa abstracción. El verdadero Nombre de Dios no era ininteligible, no era un galimatías, no era un sustantivo en una lengua extraña, y, sin embargo, resonó en mi mente como el eco de una cerradura que se abría para mostrarme la realidad de la existencia.

—Mi padre, vinculado a mil logias secretas, me lo confesó en su lecho de muerte, y desde entonces no he podido dormir —añadió mi amigo para aliviar definitivamente su conciencia.

El juramento me ordenaba silenciar para siempre aquello que se me había transmitido. Nada resultaba tan nuevo ni tan revelador para mí como aquella vieja Palabra. Debo reconocer que nada me ha impactado tanto como oírsela decir a quien yo consideraba firmemente mi hermano. ¿Cuántos hombres y mujeres, a través de los tiempos, habrán buscado el Nombre más sagrado? ¿Cuántos habrán gastado su vida en esta empresa y, sin embargo, nunca consiguieron averiguarlo?

—¿Por qué yo? —acerté a preguntar mientras me debatía entre sucumbir a lo que acababa de escuchar o luchar por mantener los restos de mi antigua identidad— ¿Por qué me haces este regalo?

—¿Regalo? —replicó Ángel mostrando una sonrisa burlona.

—¿Qué es si no?

Ángel se tumbó y miró al cielo, oscurecido ya por la caída del sol.

—Mi padre, antes de morir, también me contó la leyenda de Hiram. ¿Sabes quién fue?

—Sí —contesté a toda prisa—, Hiram fue el rey de Tiro. Vivió hace unos tres mil años, hizo una alianza con Salomón y le proporcionó, entre otras cosas, cedros del Líbano para la construcción del primer templo de Jerusalén.

Mi amigo buscó la constelación de la Osa Mayor, también conocida como el Carro.

—Ese fue Hiram I —dijo finalmente— pero yo me refiero a Hiram Abif, a quien el rey de Tiro envió expresamente para ayudar a Salomón en su labor. Cuenta la leyenda que Hiram era todo un experto en metalurgia, pero también en los secretos de la geometría sagrada y en las ciencias del espíritu. La Biblia asegura que estaba dotado de inteligencia, sabiduría y ciencia. Hoy tal vez podríamos decir que fue uno de los primeros alquimistas. Hiram conocía el Nombre más sagrado, como tú ahora. También había experimentado la Presencia de Dios y se dedicó a construirle una Morada al Símbolo de su Majestad, es decir, al Arca de la Alianza —Ángel señaló el cielo con el dedo y siguió con su historia—. Hiram organizó a los trabajadores del Templo, según sus habilidades, como aprendices, compañeros o maestros. De la misma manera, los separó por gremios, los instruyó y les otorgó una elevada sabiduría no solo práctica, sino también espiritual. Cuentan que levantó las dos columnas sagradas que antecedían el interior del receptáculo donde se guardaron los objetos sacrosantos que Dios ordenó construir a Moisés. A la del lado izquierdo la llamó Jakim, que significa: «Dios establecerá». Y a la de la derecha, Boaz, que es una contracción de la frase «En Dios está la fuerza». Justo en el centro se abría la puerta hacia la capilla del Templo que daba paso al vestíbulo, como en el Tabernáculo, donde también se erigían dos habitaciones; una con la *Menorah —el candelabro de siete brazos—*, la Mesa de los panes de la Proposición y el Altar donde se quemaban los perfumes de incienso, llamada Helaj. Y, más allá, en la última cámara —el *Sancta Sanctorum* o *Dvir*— estaba el Arca, separada del Helaj por una cortina que solo el Sumo Sacerdote podía traspasar para realizar los rituales prescritos el día del Yom Kippur. Hiram solía rezar en cada una de las puertas, hasta que una noche, tres Compañeros planearon esperarle en cada uno de los portones para sonsacarle los secretos de la Presencia, del Nombre y del Símbolo. El primero se le abalanzó en la entrada del vestíbulo, amenazándolo de muerte si no le daba lo que quería; pero el maestro se negó a romper su juramento incluso después de haber sido golpeado con brutalidad. El segundo le cerró el paso en las escaleras que subían hacia el Helaj, pero igualmente Hiram se negó a romper su promesa, por lo que fue apuñalado en un costado. Y, por último, el tercero lo aguardó en el acceso al *Sancta Sanctorum*, asestándole el golpe mortal.

—Hiram se negó a romper la promesa hecha —dije mientras Ángel intentaba recordar el final del cuento—. Entiendo lo que quieres decir. Hiram meditó en el Nombre, no lo pronunció en voz alta y jamás lo reveló. Son las tres promesas que antes me has obligado a formular.

—¡Así es! —dijo asintiendo con la cabeza—. Pero Hiram no solo conocía el Nombre…, también conocía el Símbolo y sabía lo que era el Sentimiento de Dios.

—¿Quieres decir que tenía fe? —pregunté desconcertado.

—No realmente. El Sentimiento de Dios es distinto de la fe. La fe es creer en algo que no puedes ver, pero con el Sentimiento de Dios crees en lo que puedes experimentar cada día. Y crees en ello porque puedes sentirlo en tus entrañas de la misma forma que sientes el amor de tu madre y de tu esposa. Hace tiempo un grupo de médicos le dijeron a Pasteur: «Usted siempre está hablando del alma, pero nosotros hemos abierto miles de cadáveres y no hemos descubierto ni rastro del alma por ninguna parte». A lo que Pasteur contestó: «Cuando mueran vuestras madres, ábranlas y traten de encontrar en ellas el amor que tuvieron por ustedes. Que no puedan encontrar el alma, no significa que no esté allí…».

Desde que tengo memoria he recorrido el mundo buscando las huellas de Dios, anhelando encontrarme con Él en el Jordán, en el Monte Sinaí o incluso en el recinto sagrado del templo de Salomón en Jerusalén, pero jamás había imaginado que Dios pudiera ser también un sentimiento. Para intentar digerir lo que estaba oyendo, volví a recurrir al silencio, roto solamente por el ruido del agua de la fuente cayendo en la poza y por el canto de las chicharras, no obstante Ángel no dejó que me recuperara.

—Hiram cambió la fe por conocimiento, por tanto, ya no necesitaba creer en algo que no podía ver. Con el Sentimiento de Dios podía sentir su Presencia latiendo en su interior; con el Nombre pudo quitarse el velo de la ignorancia y con el Símbolo pudo ver también la mano del Santísimo en la creación.

—¿Quieres decir que, para conocer realmente a Dios, hay que traspasar necesariamente esas tres puertas? —dije intentando aclarar todo aquel galimatías.

Mi amigo ignoró mi pregunta y siguió con la historia.

—Después de que sus discípulos lo buscaran afanosamente, encontraron el cuerpo sin vida de Hiram sepultado en un agujero a la vera de un árbol, pero cuando intentaron sacarlo, descubrieron que había resucitado. Hiram, como conocedor de la Presencia, del Nombre y del Símbolo, pudo superar los abismos de la muerte, muriendo antes de morir. De esa forma se convirtió en una semilla, la cual, cuando fue enterrada, dio mucha vida. Pero eso no es todo…

A esas alturas yo pensaba que ya no podría sorprenderme más.

—Se supone que dentro del Arca no solo estaban las Tablas de la Ley, también se encontraban la Vara de Aarón y un Vaso con el Maná que los hebreos comieron en su vagar por el desierto. Pero esto también son símbolos. El conocedor del Nombre debe regirse por un pacto de humildad y obediencia a Dios representado por las Tablas. Después debe procurar ser recto, de esa forma podrá gobernarse a sí mismo... Esa es la Vara. Y, por último, el Vaso simboliza que los placeres mundanos no son capaces de calmar la sed que el alma tiene de Dios. El exceso de celo en estos tres puntos, así como olvidarse de cualquiera de ellos, también conducirá al extravío.

—He oído la leyenda del Arca —repliqué—. ¡Todo el mundo la conoce! Se supone que Moisés construyó un cajón para guardar las Tablas de la Ley que contenían las Diez Palabras escritas por el Dedo de Dios, la Vara y el Cuenco; pero lo que muchos no saben es que el Arca también guardaba el Nombre Secreto de Yahvé disimulado quizás en algún lugar externo o interno. Fue por eso, y no por las Tablas ni por el resto de objetos, que la Presencia de Dios en forma de Nube acompañaba siempre al Tabernáculo allá donde fuera. El pueblo hebreo creía que el Arca era el asiento de Yahvé. Si la Nube se movía, ellos se movían. Si la nube se detenía en un lugar, ellos hacían lo mismo. Cuando Salomón construyó el Templo, hizo labrar el Nombre Secreto en la capilla junto a dos querubines de gran tamaño que simbolizaban que ese Templo, desde aquel momento, sería el nuevo Trono de Dios en la tierra. La leyenda sigue diciendo que David le pidió a Salomón que, aunque el Nombre Secreto de Dios estuviese a la vista, sin embargo pasase desapercibido.

—¿Qué ocurrió con el templo de Salomón? —preguntó Ángel mientras se incorporaba para coger la tetera del fuego y verter dos vasos de té con verbena de indias.

—Fue destruido por Nabucodonosor —dije mientras intentaba alcanzar el mío y me acercaba además la bandeja de dátiles—. Desde aquel momento, nadie sabe qué fue del Arca.

—¿No estuvo en el segundo templo?

—¡No! Cuando los judíos regresaron de su exilio en Babilonia, Zorobabel reconstruyó una pequeña capilla financiada por

Ciro, rey de los persas, que nada tenía que ver con el templo de Salomón. Cuenta la tradición que tanto los sacerdotes como los ancianos lloraban día y noche porque, a pesar de que creían que ya habían expiado todos sus pecados durante su exilio en Babilonia, el Arca seguía sin aparecer. Dios finalmente se apiadó de ellos y mandó al profeta Hageo para decirles que, si bien el Arca no aparecería, ese Templo vería la Gloria del Mesías.

—¿Y qué se sabe del Arca desde entonces?

—Poca cosa… —dije mientras me mesuraba la barba— Hay quien piensa que los templarios la encontraron excavando en el suelo del recinto del Templo, en un lugar llamado Pozo de Almas, y que se la llevaron a Francia. Otros dicen que el faraón Sisaq la robó tras la muerte de Salomón. Algunos aseguran que fueron los sacerdotes quienes la sacaron de Jerusalén para esconderla del despiadado rey Manasés, que devolvió el reino al paganismo y puso una estatua de Aserá en el *Sancta Sanctorum* del Arca. Incluso la tradición rabínica sostiene que el profeta Jeremías la escondió bajo la tumba de Moisés antes de que Nabucodonosor robara los tesoros del Templo y destruyera Jerusalén.

Ángel se levantó, se acercó a la barbacoa y comenzó a apilar trozos de leña en su interior.

—¿Quizás deberías tratar de encontrarla? —dijo como quien no quiere la cosa.

—Sí, y quizás también debería viajar a la luna —añadí con sorna.

—¡No! En serio —me reprochó—. Ahora que conoces el Nombre Secreto, y que también en tus viajes has experimentado la Presencia, ¿por qué no intentas encontrar el Símbolo? El Arca es el Tesoro de los tesoros. El Arca no solo contenía las Tablas de la Ley, también era la síntesis de las Tres Puertas. En ella moraba la Presencia, el Nombre, y era en sí misma el Símbolo. ¿Te imaginas poder demostrar que Dios existe? Tal vez el Arca sea la respuesta definitiva a la pregunta que la humanidad lleva haciéndose desde el principio de los tiempos. Si encuentras el Arca, la existencia de Dios y la legitimidad de las tres religiones abrahámicas no será puesta en duda nunca más.

No podía creer lo que estaba oyendo. Mi amigo me estaba

pidiendo que me pusiera en la piel de Indiana Jones y que recorriera el mundo yendo detrás de una quimera.

—Por cierto —añadió mientras intentaba controlar el fuego de la barbacoa— si quieres ir en busca del Arca, debes tener en cuenta que solo un caballero perfecto podrá encontrarla… Si tú no eres ese caballero perfecto, no encontrarás nada. A Tierra Santa se entra de rodillas o se vaga cuarenta años.

Vacilante, me incorporé de mi asiento y me dirigí hacia donde estaba.

—No te he contado el principio de la leyenda de Hiram —masculló mientras las tímidas llamas de la hoguera asomaban por entre los leños—. Antes de partir a Jerusalén, Hiram preparó su espíritu. La tarea que iba a emprender era sagrada, por tanto, su alma debía estar dispuesta para el Señor… Tú sabes que los musulmanes no podemos entrar en una mezquita, ni siquiera tocar el Corán, sin habernos purificado antes ¿verdad?

Asentí con la cabeza intuyendo hacia dónde quería llevarme.

—Si nosotros no podemos entrar en una simple mezquita estando impuros, imagínate emprender una búsqueda tan sagrada como la de ir en pos del Arca de la Alianza sin haber preparado antes nuestra alma.

Mientras Ángel hablaba, llegué a pensar que había cierto método en su locura. Quizás llevaba razón. Durante los años en los que el Arca estuvo desaparecida, miles de personas habían intentado recuperarla esgrimiendo los argumentos más variados, pero pocos se habían dado cuenta de que la búsqueda del Arca de la Alianza era realmente una búsqueda espiritual; y que para conseguir tener suerte en ese empeño, Dios tendría que estar de nuestro lado, ya que buscar el Arca era como buscar a Dios. Sin embargo, casi la totalidad de los supuestos investigadores que habían iniciado esta empresa no estuvieron interesados en conocer a Dios, sino en alcanzar poder a través de la Vara de Aarón; en satisfacer sus deseos mundanos comiendo el Maná que había en el Cuenco; o en reinterpretar las Diez Palabras a su antojo para alzarse ellos mismos sobre el resto de los hombres.

El Arca había rechazado en el pasado a quienes se habían acercado a ella con intenciones dudosas. Y es que la Sagrada

Reliquia, según el relato veterotestamentario, solo podía ser tocada por los hijos de la tribu de Leví —1º de Crónicas 15—. Incluso para transportarla le pusieron dos varas de madera recubiertas de oro que se insertaban en sendos anillos que tenía a ambos lados. Tocar el Arca sin haberse purificado y sin estar protegido por la túnica de lino y el Pectoral del Juicio, llamado también *Efod* —una especie de amuleto unido al chaleco del Sumo Sacerdote que representaba la alianza de las doce tribus—, podía causar la muerte inmediata.

> «Nadab y Abidú, hijos de Aarón, tomaron sus respectivos incensarios y después de poner fuego en ellos y de echar incienso sobre él, ofrecieron delante del Señor un fuego extraño que Él no había ordenado. Entonces, de la Presencia del Señor salió un fuego que los consumió, y murieron los dos delante del Señor». Levítico 10, 1-2.

Debo reconocer que aquel derviche me estaba contagiando con su locura y que ya me veía a mí mismo sacando brillo a mi armadura y velando mis armas para salir otra vez, surcando mares y atravesando desiertos, en pos del encuentro con mi Señor. La búsqueda del Arca de la Alianza, así como la del Santo Grial, era realmente la búsqueda de todo lo sagrado que había en nosotros. Como arquetipo, tanto el Arca como el Grial procuran que el alma se mueva en la dirección correcta, en tanto no pensemos que ni el Grial ni el Arca son tesoros físicos que podemos encontrar en el interior de otra cueva que no sea nuestro propio corazón. Como reza el Adagio: «*Solo puede encontrar el Grial aquel que ya no lo necesita*».

Para hallar el Grial debería convertirme en un caballero perfecto, como Perceval o Lanzarote. De lo contrario, mi búsqueda me conduciría a otros griales que, en lugar de darme la vida eterna, me privarían de ella.

> «De manera que cualquiera que comiere este pan o bebiere esta copa del Señor indignamente, será culpado del cuerpo y de la sangre del Señor. Por tanto, pruébese cada uno a

sí mismo, y coma así del pan, y beba de la copa. Porque el que come y bebe indignamente, sin discernir el cuerpo del Señor, come y bebe para sí Por lo cual hay muchos enfermos y debilitados entre vosotros, y muchos duermen».

1ª Corintios 11, 27 y ss.

El nombre más sagrado

«Contestó Moisés a Dios: "Si voy a los israelitas y les digo: 'El Dios de vuestros padres me ha enviado a vosotros'; cuando me pregunten: '¿cuál es su nombre?', ¿qué les responderé?". Dijo Dios a Moisés: "Yo soy el que soy". Y añadió: "Así dirás a los israelitas: "Yo Soy me ha enviado a vosotros"». Éxodo 3, 13-14.

Ángel llevaba razón. Hiram, rey de Tiro, y Hiram Abif eran dos personas distintas. La leyenda del mítico Hiram Abif, vinculada a la masonería, aseguraba que efectivamente el erudito fue reclamado por Salomón para construir el primer templo de Jerusalén, incluyendo las dos enigmáticas columnas de entrada al oratorio, llamadas Jakim y Boaz. Flavio Josefo —historiador judío romanizado que compiló las tradiciones y disputas de su pueblo en el siglo I— dice de él que su madre perteneció a la tribu de Neftalí y que su padre se llamaba Uría.

Hiram era famoso por su habilidad para trabajar los metales preciosos, así como la piedra. La tradición rabínica sostiene que Uría murió pronto, dejando solos a su mujer y a su hijo, por lo que el pequeño fue conocido como «El Hijo de la Viuda».

Al regresar a casa no pude pegar ojo, ni tampoco las noches siguientes. ¿Ir en busca del Arca de Dios? Me había pasado la vida visitando los lugares por donde la tradición aseguraba que Yahvé se había presentado a su pueblo, pero ¿buscar el Arca? ¿Acaso no sería esa una empresa descabellada e inútil?

A tenor de lo que fui descubriendo meditando en el Nombre, empecé a dudar si lo que Ángel me había revelado era el secreto de la vida o una auténtica maldición. El Nombre tenía poder para destruir todo lo que yo era, lo que creía ser, y que solo Dios quedase. Pero también tenía la sensación de que su Presencia podía desintegrarme y desde luego no estaba preparado, ni me consideraba digno todavía de mirar su Santo Rostro. Desde el principio comprendí el poder demoledor del significado del Nombre y por qué debería permanecer oculto. A veces, cuando fijaba mi atención en él, una oleada de pánico me recorría el cuerpo de arriba abajo y empezaba a templar sin poder parar.

Dejé pasar el tiempo e intenté engañarme pensando que quizás aquel no era el auténtico Nombre, que tal vez habría otros y que yo solo conocía uno más de los muchos sustantivos con los que se ha vinculado a Dios a lo largo de la historia. Pasadas unas semanas traté de sonsacarle a Ángel algo más al respecto, pero fue inútil. Ángel me aseguró que estaba convencido de que aquel enigma y aquella empresa no estaban destinados para él, por tanto, no tenía ningún interés en descubrir nada más.

Mi amigo se sentía a gusto con su religión y con su práctica espiritual. Su maestro fue uno de los grandes polos espirituales de nuestro tiempo y pensar en el Nombre de Dios le causaba más agitación que serenidad. Desde que su padre se lo confesara, había sentido una enorme carga en el corazón, un peso que solamente se vio aliviado cuando me reveló la Palabra. Por tanto, estaba convencido de que aquel secreto no era para él, sino para mí. Él tan solo había sido el arco en manos del divino Arquero. ¡Y vaya si la flecha había dado en el blanco! Justo en mi corazón.

A lo largo de los cinco mil años en los que transcurren las historias de la Biblia —desde Abraham hasta Jesús— Dios ha utilizado diversos nombres, a pesar de que los escribas y copistas hebreos hayan intentado ocultarlos de los Rollos Sagrados, para presentarse ante su pueblo y ser conocido. Para el judaísmo, el verdadero Nombre de Dios es la Palabra más Sagrada, la cual otorga el conocimiento secreto de su esencia, además de la nuestra. También es el Nombre por el que Él siempre responde, por lo cual debe ser preservado para que nadie se atreva, por descuido o ignorancia, a cometer blasfemia. Movidos por esta creencia, la Palabra original fue sustituyéndose por Atributos Divinos, hasta que, como al Arca, se le perdió la pista sepultada entre tanto secretismo. Sin embargo, como en la capilla del templo, en las Escrituras, el Nombre Secreto siempre ha estado a la vista de todos, sobre todo en el libro de Isaías y, muy posteriormente, en el Evangelio de san Juan. No obstante, la paradoja es que, hasta que no te es revelado, no puedes verlo.

Con el retorno de los judíos de Babilonia a Tierra Santa, los copistas y memoriones empezaron a escribir lo que después se conocería como «El Tetragrámaton», cuatro consonantes que representaban el Nombre con el que Dios se le reveló a Moisés en la cima del Sinaí, Yahvé —pronunciado Yagüé— cuya traducción más fiel podría ser «Yo Soy». Es decir que Yahvé era un dios que reclamaba para sí toda la existencia. Curiosamente, la experiencia del Ser es el anhelo que los místicos de todos los tiempos han buscado sin descanso. La unión de la mente menor con la Mente Mayor. La luz hija absorbida por la Luz Madre. La fusión del ego con el Todo… La gota que regresa al mar.

El tetragrama YHWH solo podía ser pronunciado por el Sumo Sacerdote el día de la Gran Expiación en el templo de Jerusalén, frente al Arca de la Alianza. Pero, como el templo ya no existe, hoy tampoco se pronuncia. En su lugar, las oraciones hebreas suelen utilizar la palabra *Adonai*, que significa «mi Señor»; o solo *Hashem*, que quiere decir «el Nombre», hasta que el conocimiento de YHWH sea también tragado por las arenas del tiempo y el exceso de celo de los rabinos.

Debido a que el idioma hebreo no utiliza vocales en su escritura, la pronunciación del nombre YHWH se fue olvidando. Con la llegada del cristianismo a Roma, el latín trató de agregarle las vocales que le faltaban sacándolas de la palabra *Adonai*, lo que derivó en *Jehová*, sonido que poco o nada tiene que ver con la transliteración semítica original. Lo mismo sucederá con *Yahshuá*, que en hebreo significa «Dios Salva», pero que latinizado pasó a ser *Jesús*, y que en hebreo quiere decir «he ahí el caballo», lo que no hizo sino alimentar las chanzas de las comunidades israelitas del siglo I y II contra el nuevo Mesías que predicaba san Pablo.

Tal como sucede con el Nombre más Sagrado, *Yahvé* contiene una sabiduría oculta que nadie se ha atrevido a descifrar. De hacerlo, habrían llegado al verdadero Nombre con relativa facilidad. Aunque actualmente cientos de grupos pseudoespirituales van cantando a diestro y siniestro «Yo Soy, Yo Soy», como si fuera un mantra que los liberará de las inclemencias de la vida, su secreto ha pasado completamente desapercibido para ellos, pues se han atrevido a vestirse a sí mismos con un Nombre que no les pertenecía, cometiendo blasfemia a los ojos de la ley judaica y, por tanto, a ojos de Dios.

Cuando le preguntaron a un maestro sufí qué era lo que más temía de sus enseñanzas tras su muerte, él contestó: «Que se reciten en las plazas y en los mercados…». Y es que no hay peor desgracia para la sabiduría que caer en manos de la ignorancia.

Con el conocimiento del Nombre secreto, tanto la Biblia como algunos de los poemas místicos de eruditos tan destacados como santa Teresa de Jesús o Djalal al Din Rumi cobraban un sentido tan abismalmente profundo que las palabras no pueden describir. El Nombre era también un filtro por el cual podía saber si el autor de cualquier texto religioso o espiritual estaba movido por el Espíritu o tan solo era presa de sus propios engaños. El Nombre era en sí mismo un instrumento de conocimiento, inteligencia y sabiduría, por lo que cada vez fui siendo más consciente de que realmente era necesario preservarlo, y de que solamente podía ser revelado al buscador incansable tras una infatigable lucha contra sus demonios, y solo después de vencerlos a todos.

La fe no era motivo suficiente para merecerlo, tampoco la caridad… El aspirante debía tener, además de esas dos virtudes, la capacidad de hacer de su ego algo tan pequeño que cogiese en el bolsillo de cualquiera, la humildad más sincera y la determinación de poder romperse a sí mismo cada vez que escalase un peldaño más en la Escalera de Jacob.

Pasados unos meses, cuando ya había empezado a acostumbrarme a pensar en el Nombre, decidí susurrarlo en voz baja mientras meditaba, buscando traspasar la siguiente puerta, pero debo confesar que nada pasó. Por segunda vez me atreví a pronunciarlo, pero solo el silencio me contestó. Envalentonado, decidí articularlo por tercera vez… Solo después lo tuve claro. ¡Iría en busca del Arca de la Alianza!

De Egipto llamé a mi hijo

«Murió José, y todos sus hermanos, y toda aquella generación; pero
los israelitas fueron fecundos, se multiplicaron y llegaron a ser muy
numerosos y fuertes. Se alzó entonces en Egipto un nuevo rey, que
nada sabía de José; y que dijo a sus súbditos: "Mirad, los israelitas
son un pueblo más numeroso y fuerte que nosotros. Tomemos
precauciones contra ellos para que no sigan multiplicándose, no sea
que, en caso de guerra, se unan también ellos a nuestros enemigos
para luchar contra nosotros y expulsarnos del país"». Éxodo 1, 6-10.

Egipto tiene el poder de atraparnos, de llamar insistentemente
a la puerta de nuestro subconsciente hasta que finalmente abri-
mos. Entonces, la magia y el misterio de las pirámides, de la
esfinge y de los desiertos egipcios se cuelan en nuestro interior,
haciéndose un hueco en nuestra alma.

Un buen amigo, redactor de una de las revistas de misterios
más laureadas de nuestro país, me confesaba no hace mucho
tiempo: «Siempre que ponemos en portada una noticia sobre
Egipto, tenemos el éxito asegurado». Y no es de extrañar. La
primera vez que visité el país de los faraones lo hice contes-
tando al reclamo del Monte Moisés, en la península del Sinaí,
allá por el año 2001. Pensar que el caudillo judío pudo haber
pasado por allí, que en la cima de aquella montaña Yahvé, mi
Dios, se presentó por primera vez al mundo, que en ese valle los
israelitas construyeron el Arca de la Alianza me hacía temblar
de la cabeza a los pies. Lo que no podía imaginar es que también sucumbiría al encanto de Karnak, al sabor del karkadé, a
los arcanos secretos de Luxor —antigua Tebas—, al embrujo de

las calles de El Cairo, a la danza de la luna sobre el Nilo sentado en algún peñasco de la Isla Elefantina, y a tantos otros lugares donde los misterios vagan y se reparten, superando los influjos del tiempo en el país de los faraones.

De norte a sur, Egipto es un país para soñarlo, para recorrerlo no solo una vez, sino durante toda la vida, porque, desde Alejandría a las tierras Nubias, frontera con Sudán, cada año encuentras cosas que contar y cosas que te cuentan para que desees con toda tu alma regresar y beber de sus secretos, porque Egipto es como un torrente de aguas medicinales que devuelven la vida al alma moribunda que se ha dejado atrapar por la monotonía.

Si Grecia y Roma son la cuna de la civilización occidental, sin duda Egipto es la cuna de nuestra espiritualidad. Las diversas tradiciones que todavía recorren el Mediterráneo bien podrían tener sus orígenes aquí. El relato de Caín y Abel que encontramos en el Génesis es sospechosamente semejante a la leyenda de los hermanos Osiris y Seth. Sabemos que el culto a la Virgen María suplantó en la Roma post-Constantino el culto a Isis, demasiado arraigado en la población como para extirparlo sin más, donde las estatuillas de la diosa con su hijo en brazos se confundían con las de la Virgen María y el niño Jesús. O el juicio de Osiris, lo que posiblemente fue el origen de la creencia judeocristiana del juicio del alma, que pesaba el corazón del fallecido en una balanza comparándolo con la Pluma de Maat —principio que simboliza la justicia y la verdad—. Así, si el corazón pesaba lo mismo que la pluma, la conciencia del difunto podía entrar en el Paraíso. Si no, Ammyt, la diosa con cabeza de cocodrilo, lo devoraría para siempre…

Moisés, reverenciado por las tres religiones abrahámicas, fue el auténtico padre y legislador que dio forma al monoteísmo hebreo, uniendo a los hijos de Israel para formar una próspera nación. Si bien el primer patriarca, Abraham, firmó un pacto con un extraño y misterioso dios llamado El Sadday —el Dios de la Montaña—, sin embargo, sus descendientes no le fueron tan leales.

«Una noche Abraham vio las estrellas en el cielo y dijo: "¡Esas deben de ser Dios!". Pero después pensó que las estrellas no podían ser Dios porque eran muchas. Y si había muchos dioses, estarían enfrentados entre sí, por lo cual Dios debía ser Uno. Más tarde vio la luna, y de nuevo se dijo: «¡Esa debe ser Dios!». Pero como la luna cambiaba de creciente a menguante, y de llena a nueva, comprendió que la luna no podía ser Dios porque Dios debía ser siempre el mismo. Así pasaron las horas, y vio el sol y dijo: "¡Este debe ser Dios porque es lo más grande y luminoso que hay en el cielo!". Pero comprendió que el sol desaparecería cuando llegara la noche, por lo que no podía ser Dios, porque el Dios verdadero no puede desaparecer. Entonces dijo: «Con firmeza y sinceridad vuelvo mi rostro a Aquel que ha creado las estrellas, la luna y el sol. Aquel que es el Creador de todas las cosas. Aquel que oculta su Rostro pero su Mano está siempre presente». *99 Cuentos y Enseñanzas Sufíes.*

El Dios de Abraham es un dios personal, tan solo un esbozo de la actual concepción monoteísta, quizás por encima de los *terafim* —dioses familiares comunes en el segundo milenio a. C. procedentes de las culturas babilónicas, sumerias o acadias— pero muy vinculados con las tradiciones del desierto. En el Antiguo Testamento abundan referencias a estos ídolos en el seno de las familias hebreas, que, parece ser, les rendían culto.

Micol —la hija del rey Saúl que se casó con David— salvaría la vida de su esposo poniendo una estatua de estos dioses familiares en su cama para que los sicarios de su padre lo confundieran con David —1ª de Samuel 19, 13-14—. Pero incluso encontramos rastros de ellos mucho más atrás…

«A esta sazón había ido Labán al esquileo de sus ovejas y Raquel robó los terafim de su padre. No quiso Jacob manifestarle a su suegro su partida y se encaminó hacia el monte Galaad. Pero tuvo noticia Labán de que Jacob iba huyendo y, tomando consigo a sus hermanos, le fue persiguiendo por espacio de siete días hasta que le alcanzó en el monte Galaad.

Pero vio Labán en sueños a Dios que le decía: "Guárdate de hablar a Jacob cosa que le ofenda". Jacob había ya armado en el monte su tienda de campaña y Labán, que le había alcanzado, fijó la suya también en el mismo monte, y fue y le dijo a Jacob: "¿Por qué te has portado de esa manera, arrebatándome a mis hijas como si fuesen prisioneras de guerra? ¿Por qué has querido huir sin decírmelo y sin avisarme para que te acompañase con regocijos y cantares, con panderas y vihuelas? No me has permitido dar siquiera un beso de despedida a mis hijos e hijas. Has obrado neciamente. Bien es verdad que ahora está en mi mano darte el castigo merecido, pero el Dios de tu padre me dijo ayer: 'Guárdate de hablar a Jacob cosa que le ofenda'. Está bien que desearas ir con los tuyos, pero ¿por qué robarme mis dioses?"».

Génesis 31, 19-30

El Antiguo Testamento es un reflejo fiel de los primeros años del pueblo judío. Su evolución en todos los aspectos de la vida queda bien reflejada en las historias de la Antigua Alianza, así como sus inquietudes y sus leyes. No obstante, escondidas bajo estas historias, se halla la mística, la sabiduría trascendental de la que no se habla, pero que es la madre del libro.

Moisés entró en la historia universal cuando legisló las bases para crear una relación personal entre el ser humano y un Dios que no podía ser representado, pero que sin embargo tampoco dejaba de estar presente en el Tabernáculo, en la Nube, o en la cima del Monte Horeb. Algo que nadie se había atrevido a hacer anteriormente. Empero el Dios de Moisés no es un Dios universal, ni tampoco pretende serlo, sino tan solo un Dios familiar —el Dios de Isaac y de Jacob— a quien los descendientes de Abraham deberán adorar en detrimento de los ídolos egipcios, cananeos y babilónicos, los cuales parecen ser su mayor amenaza.

Moisés no fue el pretendido visionario de una religión universal, sino tan solo el originador de una nueva nación que debía proveerse de sus propias tradiciones para diferenciarse de las demás, siendo una de ellas la de un Dios particular que en modo alguno pretendía traspasar las fronteras del Jordán ni presentarse a otros pueblos para que le adorasen…, al menos de momento.

Moisés quiso barrer de un plumazo todos los ídolos heredados de las tradiciones del desierto y de las influencias egipcias para recrear algo parecido a la hazaña de Akhenatón en Amarna, a pesar de lo cual encontramos esbozos de una profunda mística en la concepción de ese Dios personal que se hace llamar YO SOY, es decir, que reclama la única existencia; e incluso en ciertas actitudes del pueblo judío pues, mientras las naciones colindantes rogaban al dios de la lluvia que regase sus cosechas, Israel le pedía a Yahvé que se derramase a sí mismo sobre los campos. Cuando llegaba la primavera, mientras las ciudades-Estado paganas decían que los árboles habían resucitado, Israel aseguraba: «¡Dios ha florecido!». Como vemos, la diferencia es abismal. Pero, ¿quién fue realmente el caudillo del pueblo judío?

Aunque mis estudios teológicos no me capacitan para dar respuestas certeras a preguntas históricas, sin embargo permítanme jugar a escribir en voz alta…

La mayoría de historiadores que han buscado pruebas arqueológicas para dar credibilidad a los hechos bíblicos se han topado con un abismo bajo sus pies, por lo que supusieron que, desde el Génesis hasta el Apocalipsis, los relatos bíblicos no eran más que una amalgama de mitos y leyendas compilados por cientos de escribas a lo largo de los siglos. Por otra parte, los devotos del judaísmo, cristianismo e islam creen a pies juntillas hasta la última coma y la última tilde de las historias de los antiguos profetas. Con todo, quizás podamos encontrar el término medio, que es donde quizás se encuentre la verdad.

Aunque al principio se atribuyó a Moisés la autoría de la Torah, es decir, de los cinco primeros libros del Antiguo Testamento, el estudio de la lexicología hebrea original ha demostrado que el texto más tardío pertenece al Shemot —libro del Éxodo— llamado «El Canto del Mar» o «La Canción de Moisés y Miriam», datado alrededor del año 1000 a. C. Más de doscientos años después de la muerte de Moisés. En este mismo libro podemos descubrir innumerables interpolaciones de escribas que, año tras año, fueron incluyendo las tradiciones orales que antes venían relatándose de boca a oreja en las tiendas de lona de los campamentos beduinos, siendo algunas incluso contradictorias. Por tanto, la pregunta a responder es: ¿queda todavía algo original en estos legajos que pueda aclararnos quién fue Moisés?

Tras la conquista de Jerusalén por los babilonios, hacia el 587 a. C., Nabucodonosor II destruyó el templo de Salomón, quemó las Sagradas Escrituras, robó sus tesoros y deportó a los ciudadanos de Judea a Babilonia. Una vez allí, pasados los años, los memoriones tratarían de reescribir las historias del Génesis, Éxodo, Levítico, Números y Deuteronomio. No obstante, la información primigenia ya se habría perdido entre las arenas del tiempo aliadas al desierto que separa Israel de Mesopotamia…

Sabemos que cuando el patriarca José fue vendido por sus hermanos a unos comerciantes ismaelitas, lo llevaron a Egipto, donde, tras numerosas peripecias, se convirtió en la mano derecha del faraón. Años más tarde, en la época de la hambruna, José perdonó a sus hermanos y el faraón invitaría a la descendencia de Jacob a quedarse en Egipto —concretamente en la Tierra de Gosen— donde después se levantaría Pi-Ramsés. Sin embargo, el tiempo pasó y un faraón que no conocía el legado ni la herencia de José subió al trono, y vio que la descendencia de los hebreos era cada vez más numerosa, por lo que, temiendo una revuelta, ordenó asesinar a todos los hijos varones de la casa de Israel.

A pesar de esto, Iojebed, la madre de Moisés, puso a su hijo en un canasto, dejándolo en el Nilo bajo la atenta mirada de su hermana Miriam. De esa manera, el cestillo llegó al lugar donde se bañaba la hija del faraón —posiblemente Bithiah, hermana de Seti I— la cual decidió adoptarlo, nombrando como nodriza a Iojebed.

La tradición hebrea sostiene que Bithiah llamó a su hijo Moisés, que en hebreo significa «sacado de las aguas», lo cual es del todo improbable por dos razones: la primera es que las princesas egipcias no hablaban la lengua de los esclavos hebreos. Y la segunda es que, aunque lo hicieran, jamás ninguna de ellas habría consentido poner un nombre extranjero al heredero al trono de Egipto. Pero en realidad Moisés no es un nombre hebreo, sino egipcio: Moses, que significa «Hijo de». Ra-Moses —Ramses— «Hijo de Ra». Thut-Moses —Tutmosis— «Hijo de Thut»…

Algunos eruditos jasídicos aseguran que Moisés tuvo también otros nombres, como *Yered*, que significa «Descenso», porque con él descendió la Torah. *Avigdor* —«Maestro de la Valla»— porque Dios puso una muralla al faraón en la figura de Moisés para impedir que siguiera con sus planes. *Jever* —«Unión»— porque unió a su pueblo con Hashem. *Avi Sojo* —«Padre de los Profetas»— porque a partir de él la concepción de Dios dio un vuelco.

Moisés fue educado como un príncipe egipcio que, en algún momento, se sintió atraído por la cultura de su pueblo natal y se interesó por él, identificándose con el dolor de la esclavitud de sus semejantes. No obstante, aquello le condujo al exilio.

Tras varios días caminando por el desierto, llegaría a la tierra de Midiam, al noroeste de Arabia Saudita, donde se casó con una mujer beduina llamada Séfora. Pero, un nombre egipcio no sería lo más apropiado para un pastor que deseaba pasar desapercibido. Por tanto, tal vez quien comenzó llamándose Thutmoses, Ramoses o Amoses, cuando renegó de los dioses egipcios, pasó a llamarse sencillamente Moses, el hijo de un dios innombrable.

Otra teoría, con la que Freud comulgó en su mayor parte, postula que Moisés pudo haber sido un sacerdote de la corte del faraón Akhenatón que, cuando el culto a Atón cayó en desgracia, tuvo que huir para salvar la vida. Años más tarde, conociendo que los seguidores de Atón estaban sufriendo el yugo de los sacerdotes de Amón, en algún momento Moisés regresaría para liderar a su pueblo y formar una nación libre siguiendo no obstante las disposiciones del faraón hereje.

Éxodo

«Dijo Yahvé: "Bien vista tengo la aflicción de mi pueblo en Egipto y he escuchado su clamor… He bajado para librarle de la mano de los egipcios y para subirle a una tierra buena y espaciosa; a una tierra que mana leche y miel, al país de los cananeos, de los hititas, de los amorreos, de los pericitas, de los jivitas y de los jebuseos… Ahora pues, ve; Yo te envío a Faraón para que saques a mi pueblo de Egipto"». Éxodo 3, 7-10

Con una pequeña propina pude convencer al guardián de la Cámara del Rey —en la Gran Pirámide— para que detuviera el paso de los turistas que venían detrás, quedándome a solas unos minutos. Instantes que aproveché para meterme dentro del sarcófago que preside la habitación y sentir que, como si de un guante se tratase, las cinco losas de piedra se amoldaban a mi cuerpo a la perfección. Algo que otros viajeros ya me habían confesado.

Por fin podía comprender por qué algunos de mis amigos llamaban a este lugar la «Cámara de la Transformación» pues, incluso desde la puerta, una misteriosa energía te rodea y te envuelve, robándote la respiración. Solo quien la ha sentido comprende que, al menos, esta pirámide es algo más que un monumento mortuorio. Hombres tan notables como Napoleón o Alejandro Magno pasaron una noche aquí y, a la mañana siguiente, salieron transformados.

Si bien los historiadores han datado la Gran Pirámide y la Esfinge en la época del faraón Keops, yo no puedo estar de acuerdo con el *establishment* arqueológico. Las marcas de agua en el cuerpo de la Esfinge demuestran que, en algún momento —tal vez demasiado lejano como para guardar memoria de ello—, Abu-el-Hol estuvo bajo el cauce del Nilo. Y tal vez, solo tal vez, el faraón Keops heredara estas dos enormes moles de piedra de una humanidad anterior ya extinta. Una prueba de esto puede verse claramente en la falta de simetría que muestra la estructura de la Esfinge, algo sin precedentes en el arte egipcio. Si bien el cuerpo es completamente coherente, la cabeza parece demasiado pequeña, como si alguien la hubiese esculpido sobre la original.

Las esfinges, tanto en Grecia como en Egipto, estuvieron asociadas a la realeza y a la fuerza, motivo por el cual solían estar presentes en los templos y monumentos mortuorios de las clases dirigentes, pues evocaban potencias desconocidas pero a la vez sagradas. Uno de sus primeros nombres era *Sheps-Ankh* —«imagen viviente»— que fue derivando en *Sefanjes* —palabra muy parecida a *serafines*— aunque más tarde devendría en *esfinge*.

La experiencia directa con lo más granado de la espiritualidad egipcia deja patente que su civilización estuvo muy por encima de lo que podemos encontrar hoy en los libros de historia. De alguna manera, muchos de sus templos siguen activos y esperando a que los hombres y mujeres de nuestro tiempo, los mismos que tienen tanta prisa por echar la foto y salir corriendo, se detengan a oír los secretos de la piedra. Misterios que, porque no sabemos escuchar, siguen dormidos, aunque en realidad somos nosotros los que dormimos mientras ellos esperan pacientemente a que despertemos…

Según narra la estela hallada entre las patas de la Esfinge, mientras el faraón Thutmosis IV descansaba bajo la sombra de su cabeza después de un largo día de caza, ella se le apareció en sueños y le prometió que, si la liberaba completamente de las arenas del desierto, le concedería el trono…, como así fue.

Pasear por el Museo Egipcio es como meternos en una máquina del tiempo y dar saltos constantemente. Desde el sarcófago de Tutankamón al Avión de Saqqara. Desde la pequeña efigie del faraón Keops a las estelas funerarias de la conquista romana… Pero, si en algún lugar podemos contemplar el rostro de la historia, es en la Sala de las Momias, donde decenas de faraones de piel azul nos miran con ojos vacíos desde sus ataúdes de cristal.

Aquí se encuentra el cuerpo de Ramsés II —o Ramsés el Grande—, el faraón del éxodo. Este hombre fue quien, según la Biblia, desafió al mismísimo Dios, desencadenando su cólera. ¿Quién podría quedarse indiferente ante la visión, más de tres mil años después, del villano de una de las epopeyas más relevantes de la humanidad?

De alguna manera, tenerlo enfrente reforzaba mi fe en las Escrituras y hacía que me sintiera un poco más cerca de Dios y de su pueblo…, como cuando santo Tomás metió los dedos en el costado de Cristo y creyó. Justo en ese momento pude comprender la importancia de la Tercera Puerta, la del Símbolo, tan importante como las otras dos, y debo confesar que me llené de terror. Si encontraba el Arca de la Alianza, por fin podría demostrar la veracidad de los relatos bíblicos pero, ¿y si no la encontraba?

La Torah afirma que los judíos construyeron las ciudades de Pitom y Ramases, y el libro del Éxodo asegura que los hijos de Israel salieron de esta última conducidos por Moisés hasta el Monte Horeb para encontrarse con Yahvé.

Ubicada presuntamente al norte de Egipto, en el delta oriental del Nilo, antaño se pensó que Pi-Ramses —Ramases— era otro de tantos mitos adscritos a la tradición hebrea, hasta que en 1983 unas excavaciones en la moderna ciudad de Qantir revelaron sin lugar a dudas los restos de la capital de los ramésidas, donde los *habiru* —hebreos— vivieron más de doscientos años… Otra vez la Biblia hacía callar a los escépticos.

La ciudad sería abandonada misteriosamente en algún momento durante la décimo novena dinastía, y la capital del reino trasladada unos kilómetros más al norte, a la ciudad de Tanis, desde donde el faraón Sisaq atacó las tierras de Israel y donde trasladaría los tesoros robados del templo de Salomón.

Aunque, como hemos visto, el Pentateuco es bastante más moderno que los hechos que narra, de alguna manera el nombre de estas dos ciudades —Pitom y Ramases— debió quedar grabado en la memoria colectiva porque, cuando se redactó la Torah, ambas localidades ya habían desaparecido.

Ramsés II gobernó Egipto desde el año 1279 a. C. al 1213 a. C. Sabemos que, cuando su sucesor, Merenptah, subió al trono, los israelitas ya estaban asentados en Canaán, como lo demuestra la Estela de Merenptah, que refiere la campaña militar llevada a cabo por este faraón el sexto año de su reinado, donde atestigua que se encontró y venció a las «gentes de Israel», quizás cobrándose venganza por los hechos que relata el Éxodo.

Ramases comenzó a construirse por Ramsés I como almacén para el grano y otras mercancías que llegaban del norte —Éxodo 1, 11—. Más tarde, Seti I la utilizó como residencia de verano hasta que Ramsés II hizo de ella su capital.

Desde el reinado de Ramsés I —1295 a. C.—, que coincide con el comienzo de la décimo novena dinastía, hasta Merenptah —1213 a. C.— habrán pasado aproximadamente ochenta años.

Por las Cartas de Amarna, unas tablillas encontradas en la capital de Akhenatón que contienen la correspondencia diplomática entre la administración egipcia y otras naciones colindantes, sabemos que Canaán todavía no había sido ocupada por los israelitas entre el 1352 a. C. y el 1335 a. C., los cuales, posiblemente, se hallaran en Egipto.

La décimo octava dinastía gobernó desde el 1550 a. C. al 1295 a. C. y se caracterizó, entre otras cosas, por su predilección por el culto a Atón desde la subida al trono de Thutmosis IV, en el año 1400 a. C.

Posiblemente en esa época llegara el patriarca José a Egipto, y tal vez, debido a su influencia, la fe de los faraones fue evolucionando hacia el monoteísmo.

No es descabellado pensar que un *chaty* —visir del faraón— haya podido influir de esa forma en los movimientos de una nación si recordamos que Ramsés I subió al trono desde ese mismo cargo debido a que Homrenheb no tuvo hijos varones.

La época de Amenofis III, 1390 a. C. a 1353 a. C., se recuerda como una de las más prósperas antes de la Crisis de Amarna, exceptuando una breve etapa oscura —*quizás los siete años de vacas flacas que predijo José*— en la que las estatuillas de *Sekhmet*

—la diosa protectora con cabeza de león— se encontraron por todo Egipto.

Tras la muerte de Amenofis III, Akhenatón heredó el trono. Durante su mandato dilapidó el culto a Amón, abolió el poder de los sacerdotes y trasladó su capital a Amarna, influyendo incluso en el arte y en las ciencias. Como después haría Moisés, cuando abrazó el monoteísmo, cambió su nombre original, Amenhotep —«la Voluntad de Amón»—, por Akhenatón, «Llanura de Atón».

En aquella época, los israelitas, si realmente llegaron a ser alguna vez completamente monoteístas, se habrían sentido bastante más cómodos con la cosmovisión de Akhenatón que con la de sus predecesores, y posiblemente le habrían seguido voluntariamente hasta Amarna.

Por otra parte, Akhenatón habría encontrado en ellos a unos fieles aliados, contrariamente al resto de su pueblo, que seguían siendo cómplices de los sacerdotes, los cuales no dejaban de conspirar para recuperar el poder.

Desafortunadamente, al morir Akhenatón, la situación de los hijos de Israel daría un vuelco. Con la llegada al poder de Semenejkara, y más tarde de Tutankamón, el culto a Atón sería abolido y los clérigos de Amón regresaron a sus puestos de autoridad. También se abandonó Amarna, cambiándola por Tebas, que volvió a ser la capital del reino. Por tanto, los que antes se habían mantenido fieles a Akhenatón, con el nuevo orden jerárquico, pagarían su traición a los sacerdotes… Y puede que ese sea el origen de la esclavitud de los hebreos en Egipto, a partir del año 1336 a. C.

Cuando Moisés regresó para liberar a su pueblo, deducimos que debió haber un verdadero conflicto teológico entre el líder hebreo y el faraón; el cual no permitió que los israelitas salieran al desierto ni siquiera durante tres días para adorar a Yahvé.

«Después se presentaron Moisés y Aarón a Faraón y le dijeron: "Así dice Yahvé, el Dios de Israel: 'Deja salir a mi pueblo para que me celebre una fiesta en el desierto'". Respondió Faraón: "¿Quién es Yahvé para que yo escuche su voz y deje salir a Israel? No conozco a Yahvé y no dejaré salir a Israel". Ellos replicaron: "El Dios de los hebreos se nos ha aparecido; permite, pues, que vayamos camino de tres días al desierto para ofrecer sacrificios a Yahvé, nuestro Dios, no sea que nos castigue con peste o espada"». Éxodo 5.

Ramsés II fue uno de los monarcas más longevos, megalómanos y narcisistas del Imperio Antiguo. Aunque los faraones se consideraban descendientes de los dioses, Ramsés II —«el hijo de Ra»— se elevó a sí mismo a la condición de Dios por méritos propios, como podemos ver en el templo de Abu Simbel, donde cuatro enormes estatuas suyas presiden la entrada para dar paso en su interior a las tallas de numerosos dioses del panteón egipcio. Pero cabe destacar que, dentro del monumento, encontraremos además una representación de Ramsés-hombre adorando a una estatua del Ramsés-dios, muestra más que evidente de sus pretensiones y prueba de la más que probable disputa entre Moisés y él.

Efigie de Akhenatón. Museo del Louvre.

Muchos estudiosos bíblicos piensan que la servidumbre de los hebreos en Egipto duró 430 años, pero no debemos olvidar que, según la Cábala —corriente mística del judaísmo—, la Biblia tiene dos lenguajes: uno a través de las letras y otro oculto tras los números, por lo que todas las cifras que encontramos en ella no pueden ser tomadas de manera literal.

Moisés de León —destacado rabino sefardí del siglo XIII— aseguraba que la Cábala es la sabiduría que Moisés recibió directamente de Dios y que ocultó en la Torah. En el *Zohar* —o Libro del Esplendor— podemos leer que de las abisales profundidades de Dios surgió un rayo de luz que dio origen a la primera *sefirot* —o región— llamada la «Corona de Dios», a partir de la cual irán descendiendo otras nueve esferas para crear *el Árbol de la Vida, o las Diez Manifestaciones de los Atributos Divinos.*

Esta sabiduría primordial que fue entregada primeramente a Adán, sin embargo sería olvidada por sus hijos, hasta que Yahvé volvió a recordársela a Moisés en el Monte Horeb. No obstante, para protegerla de posibles profanaciones, el conocimiento ancestral fue, como ya viene siendo habitual, escondido a la vista de todos.

«La Torah sabe que quien tiene un corazón sabio, frecuenta su casa. ¿Y qué hace? Desde dentro del palacio le muestra su rostro y su belleza, pero en seguida vuelve a su alcoba y se esconde. Cuando el enamorado la ve, su corazón, su alma y todo su ser se sienten seducidos por ella. Así pues, la Torah se revela y esconde a la vez. Está ebria de amor por el amado mientras suscita amor dentro de él. Ven y mira, ¡ésta es la senda de la Torah!». Moisés de León.

Una antigua leyenda asegura que al principio solo estaba el Sí Mismo. Pero, de repente, el Sí Mismo quiso también ser creación, por eso se convirtió en criatura… De esa forma nacieron todas las cosas y todos los seres. Una aparente multiplicidad en la cual se esconde el enigma del Creador, de la Creación y del hecho de Crear. El sagrado misterio del Uno que se hizo muchos sin dejar de ser Uno.

Descubriendo este gran secreto, el cabalista intenta recorrer dos caminos, uno hacia afuera, reconociendo la luz de Dios en su creación. Y otro hacia dentro, donde se reconocen en su esencia interna como un reflejo de luz que proviene de la Gran Luz. Empero una luz que no conoce oscuridad ni contiene oscuridad en sí misma.

Mediante distintas técnicas hermenéuticas, la Cábala ha intentado descifrar esa antigua sabiduría escondida en las palabras del Pentateuco, otorgándole un valor numérico a cada letra del alfabeto —*Gematría*— por lo que también cada frase, asimismo, obtendría un número determinado, el cual tiene la capacidad de revelar su significado oculto. De esa manera, si dos palabras aparentemente dispares, sin embargo, contienen el mismo valor, necesariamente deberán estar relacionadas.

Aplicando esta antigua ciencia secreta al nombre que Jesús le dio a Yahvé —Padre— que en hebreo se escribe Abba, veremos que a la letra «A» le corresponde la cifra 1; es decir, la unidad de Dios con todo lo creado. El Sí Mismo de la historia anterior. La siguiente letra es la «B», cuyo valor numérico es 2, representando el viaje del alma humana desde la Unicidad hasta la multiplicidad. O, lo que es lo mismo, la expulsión de Adán del Jardín del Edén. Solamente en estas dos letras ya está contenida la primera parte del libro del Génesis. No obstante, Jesús incluye dos letras más que simbolizan el viaje de retorno; el de la multiplicidad, B, hasta la unidad, A. Es decir, el regreso del ser humano al seno de Dios, Abba.

Pero, siguiendo con la historia del patriarca José, el libro del Éxodo explica que el recuerdo de las proezas del hijo de Jacob para salvar a Egipto de las vacas flacas se perdió en muy poco tiempo —de un faraón a otro— de Akhenatón a Semenejkara o incluso Tutankamón. Por otra parte, Dios le dijo a Abraham que sus hijos regresarían a Canaán a la cuarta generación, es decir: Leví, Coat, Amram y, finalmente, Moisés —Génesis 15, 16.

Si, como creemos, José llegó a Egipto en el reinado de Amenofis III, y el éxodo se produjo en algún momento durante el reinado de Ramsés II, la estancia de los hijos de Israel en Egipto habría durado 113 años aproximadamente.

Aunque no sabemos con exactitud cuándo llegaron los hebreos a Gosen, podremos deducir cuándo abandonaron Pi-Ramsés si averiguamos el año exacto de la muerte del primogénito de Ramsés II, Amenhirjopshef, que, según el relato veterotestamentario, fue víctima de la Última Plaga, posiblemente hacia el 1255 a. C.

Curiosamente esta fecha cuadraría tanto con las Cartas de Amarna, que aseguran que las tribus cananeas seguían en su tierra, como con la Estela de Merenptah, que afirmaba que, años más tarde, los judíos ya estaban establecidos allí.

Este momento de la historia egipcia es crucial para dar credibilidad al relato del Antiguo Testamento. Cuando Moisés descendió del Monte Sinaí, trajo consigo instrucciones precisas para construir un Arca donde proteger las Tablas de la Ley. La caja se montaría con madera de acacia —un material elástico pero muy resistente al paso del tiempo— y se recubriría de oro tanto por dentro como por fuera. Además se le añadirían cuatro anillas en cada uno de sus extremos, donde se introducirían dos varales hechos del mismo material y forrados también de oro. El cajón sería cubierto por una losa de oro macizo —*el Propiciatorio*— en el cual se tallarían dos querubines a ambos lados, uno frente a otro, con las alas extendidas y las cabezas inclinadas. Tendría 111 cm de largo, 67 cm de ancho y 67 cm de alto. Justo encima, Dios se manifestaría como una gran luz o como una densa nube cuando quisiera comunicarse con Moisés o con los Sumos Sacerdotes, que años más tarde entrarían en el *Dvir* del templo de Salomón quemando incienso para evitar que la luz que salía del propiciatorio les quemara los ojos.

Cuando estuvieron terminadas, las Tablas de la Ley se guardaron en su interior y el Arca conducirá a los Bani-Israel en su vagar por el desierto hasta el santuario de Silo. Asimismo, en Canaán, el Arca acompañará a los ejércitos en las batallas como portaestandarte. Pero, si para los hebreos la construcción del Arca marcará un antes y un después en la evolución de su religión, para el pueblo egipcio era una costumbre habitual. Como relata Graham Hancock en su obra *La Búsqueda del Santo Grial*, durante cientos de años, arcas parecidas a la hebrea salieron en procesión durante las fiestas del dios Opet. En la columnata de Amenhotep III, en Luxor, podemos ver bajorrelieves con el desplazamiento de estas arcas desde el templo de Karnak hasta el Nilo.

Aunque, en épocas pretéritas, esas arcas tuvieron forma de pequeñas embarcaciones, en los tiempos de Ramsés II tomaron el carácter de simples cajones. Pero lo que resulta más curioso es que un arca muy parecida a la que, según el libro del Éxodo, Yahvé ordenó construir a Moisés, fue encontrada por Howard Carter en la tumba de Tutankamón y descansa hoy en el Museo Egipcio de el Cairo, justamente frente a la sala de los tesoros encontrados en la KV62, llamada El Santo de los Santos de Anubis.

En la cultura egipcia era tradicional construir cajones semejantes para proteger en su interior los objetos sagrados consagrados a los diferentes dioses, sacándolos después en procesión para que los fieles los admirasen, de ahí el uso de las varillas, que hacían mucho más fácil su transporte de acá para allá.

El arca de Anubis de Tutankamón, aunque un poco más grande, es similar en todo a la de Moisés. También está recubierta de oro, tiene cuatro anillas, dos varales y, encima, un propiciatorio donde, en lugar de los querubines, se yergue la efigie del dios chacal. No obstante, los querubines no han desaparecido, se encuentran en un grabado en las puertas de la cámara funeraria del faraón, uno a un lado y otro al otro, como protegiéndolo, e igual que en el Arca de la Alianza, con las alas extendidas.

El cajón de Anubis encontrado en la tumba de Tutankamón pertenece también a la misma época y tiene el mismo estilo artístico que el Arca que Moisés mandó construir a los hebreos. En el Museo del Louvre podremos admirar también alguno de estos cajones, aunque algo más pequeños, que se utilizaron para contener los objetos religiosos en las ceremonias al dios chacal.

La palabra *Kerub* —«querubín»—, lejos de la iconografía cristiana, mucho más tardía e impregnada de influencias grecorromanas, deriva de la mística hebrea, que deriva a su vez de la tradición egipcia y de la figura de las esfinges, que siempre los ha relacionado con las Fuerzas de la Naturaleza. Por tanto, que alguien pusiera dos querubines encima de un Arca quería decir que en el interior del receptáculo se encontraba contenida una fuerza colosal, pero al mismo tiempo natural, que podría comunicarse con el ser humano de las formas más variadas, e incluso destruirlo por completo.

Con todo, el Arca de Yahvé es mucho más poderosa y mortífera que cualquier otra conocida por los egipcios. Como ya hemos explicado, cuando dos de los hijos de Aarón, Nadab y Abidú, ofrecieron un incienso extraño frente a ella, salió fuego del propiciatorio y los consumió vivos. De la misma manera, el joven Uzzá, al tratar de tocarla en su traslado desde Quiryat Yearim a Jerusalén para que no se cayera del carro, acabó fulminado, motivo por el cual David se llenó de terror sin comprender por qué Dios actuaba de manera tan indiscriminada y sangrienta. Una reacción muy humana que otorga credibilidad al relato bíblico.

«Cargaron el Arca de Dios en una carreta nueva y la llevaron de la casa de Abinadab, que está en la loma. Uzzá y Ajyó, hijos de Abinadab, conducían la carreta con el Arca de Dios. Uzzá caminaba al lado del Arca de Dios y Ajyó iba delante de ella. David y toda la casa de Israel bailaban delante de Yahvé con todas sus fuerzas, cantando con cítaras, arpas, adufes, sistros y cimbalillos. Al llegar a la huerta de Nakón, extendió Uzzá la mano hacia el Arca y la sujetó porque los bueyes amenazaban volcarla. Entonces la ira de Yahvé se encendió contra Uzzá; allí mismo le hirió Dios por este atrevimiento y murió junto al Arca». 2º de Samuel 6.

En la batalla de Eben Ezer por la conquista de Tierra Santa, los filisteos consiguieron derrotar al ejército de Israel, se hicieron con el Arca y la llevaron al templo de su dios, Dagón, en Ashdod. Sin embargo, por dos días consecutivos, la estatua del ídolo apareció postrada ante el Arca; y al tercero, numerosas plagas atacaron a los filisteos hasta que, llenos de terror, decidieron devolvérsela a Israel tras haber pasado por Gat y Ecrón —Samuel 5, 2— para lo cual la montaron en un carro tirado por dos bueyes y la llevaron a Bet Semes. Las gentes de Bet Semes, al ver el Arca de Dios, ofrecieron holocaustos e hicieron sacrificios al Señor, pero el Señor «castigó» a setenta de los de Bet Semes por haber mirado lo que había dentro del Arca.

Como acabamos de ver, el Arca tiene un lado amable: es capaz de detener el curso del Jordán para que pase el ejército

Arca de Anubis. Tesoros de Tutankamón, Harry Burton 1922.

hebreo, favorece la victoria de Josué en la batalla por Jericó, bendice a Obededom y a su familia cuando está escondida en su casa, y es una vía de comunicación directa con Dios. Pero, en ocasiones, sin saber muy bien por qué, también muestra su lado más terrible.

> «Dijo Yahvé a Moisés: "Di a tu hermano Aarón que no entre en cualquier momento en el santuario que está tras el velo, ante el propiciatorio que está encima del Arca, no sea que muera, pues Yo me hago ver en la nube encima del propiciatorio"». Levítico 16, 2

Con todo, no parece que sea el Arca la que ostenta el Poder de Dios, ya que cajones semejantes se venían fabricando en Egipto desde tiempos remotos, sino tal vez lo que había en su interior. Por tanto, quizás la cuestión sería: ¿Qué contenía realmente el Arca? ¿Sacó Moisés algún objeto de Egipto, o trajo algún objeto a Egipto, capaz de hacer prodigios sobrenaturales?

Hoy sabemos que la daga de Tutankamón era de origen extraterrestre, posiblemente construida con trozos de algún meteorito caído en los alrededores de Tebas. Por tanto ¿es posible que las leyes de Yahvé estuvieran labradas en algún tipo de material radiactivo? ¿Qué encontró el caudillo hebreo en la cima de aquel extraño monte que por el día estaba cubierto por una Nube y al caer la noche por una Columna de Fuego?

> «El día en que se erigió el Tabernáculo, la Nube cubrió el Tabernáculo y la Tienda del Testimonio. Por la tarde se quedaba sobre el Tabernáculo, con aspecto de fuego, hasta la mañana. Así sucedía permanentemente: la Nube la cubría y por la noche tenía aspecto de fuego. Cuando se levantaba la Nube de encima de la Tienda, los israelitas levantaban el campamento, y en el lugar en que se paraba la Nube, acampaban. A la orden de Yahvé partían los israelitas y a la orden de Yahvé acampaban. Quedaban acampados todos los días que la Nube estaba parada sobre el Tabernáculo. Si se detenía la Nube muchos días sobre el Tabernáculo, los israelitas

cumplían con el culto de Yahvé y no partían. En cambio, si la Nube estaba sobre el Tabernáculo pocos días, a la orden de Yahvé acampaban y a la orden de Yahvé partían».

Números 9, 15-20

Aunque la historia oficial niega rotundamente que los antiguos egipcios conocieran la energía eléctrica, en el templo de Hathor, Dendera, se han encontrado relieves con algo parecido a bombillas en las que incluso se pueden distinguir los filamentos por donde podría haber pasado la corriente eléctrica. El conocimiento de la electricidad también justificaría que las Mastabas —tumbas subterráneas— fueran adornadas sin que en sus techos se hayan encontrado restos del humo de las antorchas con las que se habrían iluminado los trabajadores.

Para protegerse del poder del Arca, los Sumos Sacerdotes, además de la estricta liturgia plagada de oraciones y abluciones que tenían que realizar antes de acercarse a ella, utilizaron una vestimenta de lino y un chaleco con doce piedras —el Efod—, pero que tal vez en realidad fuera un dieléctrico que los resguardaba de la radiación.

Actualmente sabemos que el lino es utilizado como aislante natural contra las altas temperaturas en ciertas partes del planeta, sobre todo en zonas desérticas. Por tanto, ¿qué era lo que escondía el Arca que resultaba tan devastador? Y ¿qué es esa Nube y el Fuego que se manifestaba cuando Dios se comunicaba con Moisés a través de truenos y relámpagos?

No obstante, no fue con el Arca cuando los hechos prodigiosos comenzaron a suceder. Algunos días antes, Egipto sufrió Diez terribles Plagas.

- El Nilo se convirtió en sangre. (Desencadenado tal vez por algún movimiento geológico, las aguas del Nilo se cubrieron de azufre).
- Ranas. (Al estar el río envenenado, los anfibios que vivían en él tuvieron que huir y se desperdigaron, llegando a todas partes).

- Mosquitos. (De las aguas corrompidas surgirán infinidad de mosquitos).
- Tábanos. (Por la descomposición de peces muertos y otros animales acuáticos, nacerán y se extenderán los tábanos).
- Muerte de los animales. (No es de extrañar que las bestias que bebieron las aguas contaminadas murieran sin remedio).
- Llagas y pústulas. (La picadura de los tábanos creará úlceras en la piel de los seres humanos).
- Granizo. (Aunque poco común, se conocen casos recientes de lluvias de granizo en la cuenca del Nilo que destrozaron los campos de cultivo).
- Langostas. (Con el granizo despedazando todo en derredor, las langostas debieron buscar una nueva fuente de alimento, llegando incluso a los campos agrícolas).
- Tres días de Oscuridad. (Como no es posible que un eclipse de sol durase tanto tiempo, lo más probable es que Memphis se viera oscurecida por una tormenta de arena).
- Muerte de los primogénitos. (Envenenados muy posiblemente por el moho de los alimentos almacenados y por los excrementos de los roedores, los primogénitos egipcios se vieron especialmente afectados, ya que tenían derecho a una mayor ración de comida que el resto de sus hermanos, no así los hebreos).

Si, como Sigmund Freud aseguraba, Moisés fue originalmente sacerdote de Atón, habría estado versado en el ocultismo y sería conocedor de los secretos arcanos de la magia egipcia. Recordemos que, cuando el caudillo hebreo se encontró por primera vez con Yahvé en el Sinaí, este le ordenó que tirase su bastón al suelo e hizo que se transformase en una serpiente. Moisés, al ver el prodigio, se sintió atemorizado, pero poco después será impelido a coger la serpiente por la cola para que se convirtiera de nuevo en bastón. No obstante, cuando este truco es empleado delante de Ramsés, el faraón, ni corto ni perezoso, ordenó a sus sacerdotes que hiciesen exactamente lo mismo, aunque la serpiente de Moisés acabó engullendo a la de los clérigos egipcios, muestra más que evidente de que el Dios de Moisés era mucho más poderoso que toda la hechicería del país de los faraones. Con todo y con eso, resulta curioso que el profeta judío utilice trucos egipcios para presentarse ante el faraón.

Aunque Moisés hubiese sido instruido en los secretos de la alta magia egipcia, algo tuvo que sucederle en la cima de aquel monte porque, quien luego bajó de allí, no era el mismo que había subido. Con el viento de Yahvé en su espalda, Moisés no dudará en enfrentarse a toda la potencia guerrera del faraón más egocéntrico de todos los tiempos, venciéndole en su propio terreno. Aunque, para ser honestos, según el relato veterotestamentario, el caudillo hebreo jamás se adjudicará el mérito de los poderes que es capaz de despertar. Todas aquellas proezas, como separar las aguas del Mar Rojo y que una estela de fuego y humo guíe a los hebreos en su éxodo, serán milagros de Dios.

De alguna manera parece que la Presencia de ese Dios invisible morará en Moisés, quien irá utilizando los Símbolos que Yahvé puso en sus manos para presentarse ante su pueblo, e incluso para hacer frente a sus enemigos.

Moisés conoce el Nombre, ha experimentado la Presencia, y ahora se sirve del Símbolo para realizar los prodigios.

Cuando salió por primera vez del Sinaí, el Poder de Dios residía en su báculo, con el cual fue capaz de despertar las Diez Plagas; pero esa fuerza, al regresar a la tierra de Midiam, pasará al Arca, y más tarde al Templo. Por tanto, si lo que queremos es descubrir el origen de aquel poder, no deberíamos buscar ningún objeto, pues más bien parece que los objetos son solo instrumentos perecederos que, en algún momento, sucumbirán al olvido, sino más bien al dueño de aquel poder. Esa extraña entidad que asegura ser el Dios de Abraham, de Isaac y de Jacob. Un Dios que se presenta ante su pueblo sin revelarle su verdadero nombre, pero que sin embargo es capaz de mover mares y destruir ejércitos para protegerlos de la adversidad…

Empiezan las dificultades

«Los israelitas salieron de Ramasés a Sucot. Sin contar mujeres y niños, eran como seiscientos mil hombres de a pie, en edad militar. Con ellos se fue muchísima gente de toda clase, además de muchas ovejas y vacas. Como no habían tenido tiempo de preparar comida, pues los egipcios los habían echado de su país, hicieron tortas sin levadura con la masa que habían sacado de Egipto, la cual estaba sin fermentar». Éxodo 12, 37-39

Después de pasarme todo el día buscando pistas en el Museo Egipcio, decidí relajarme tomando un té y fumando una pipa de agua en el que posiblemente sea uno de los lugares más apacibles de El Cairo, a pesar de toda la algarabía que lo rodea. Antes de subirme al taxi, negocié el precio con el conductor, que me dejó justo en la puerta del complejo Al Azhar, de quien yo había declinado amablemente una beca para aprender lengua árabe y estudios islámicos tiempo atrás.

Cruzando la carretera, sorteando los tenderetes y puestecillos de Khan el-Khalili, el zoco más bullicioso de la ciudad, llegué por fin al Fishawi, o Café de los Espejos, como a mí me gusta llamarle, que se supone no ha cerrado sus puertas ni de noche ni de día en doscientos años, aunque quizás el hecho de no tener puertas haya ayudado un poco. A la mañana siguiente partiría hacia las ruinas de Ramasés, a poco más de tres horas en coche al nordeste de El Cairo, para lo cual contraté los servicios de mi buen amigo y guía en numerosas ocasiones, Ibrahim.

Las normas de circulación egipcias no son en modo alguno bien entendidas por los europeos. Para conducir en El Cairo hay que hacer previamente un cursillo de conducción temeraria y entender a la perfección la jerga local. Por ejemplo: un pitido significa «voy a adelantarte»; dos pitidos, «te estoy adelantando tengamos espacio o no»; y tres pitidos: «te estoy adelantando y que pase lo que tenga que pasar». Si además unimos todo esto a la infundada idea, que ha calado hasta los tuétanos en la población, de que reducir las marchas puede dañar el motor, los accidentes están a la orden del día. Por tanto, lo mejor para moverte por el país es contratar a un guía que disponga de coche propio.

Debo confesar que visitar la capital de los ramésidas era un sueño que llevaba programando largo tiempo, desde que en 1984 Edgar B. Push, y posteriormente Manfred Bietak, sacaran a la luz la avenida principal, así como decenas de estatuas del faraón del éxodo en las colinas y huertos colindantes a las primeras excavaciones de 1929. Si los hallazgos eran ciertos, aquella ciudad era la prueba palpable de que el relato bíblico era algo más que un mito, ¡era una historia real! Desde aquel lugar, los esclavos hebreos habrían salido en pos de su libertad más de tres mil años atrás. Sin duda era uno de esos enclaves donde podías mirar a la historia cara a cara.

Con las nuevas pesquisas encontradas por los arqueólogos, era más que probable que los faraones hubiesen utilizado centenares de esclavos en la construcción de sus titánicas ciudades. Entre ellos, tal vez pastores nómadas que llegaban al país huyendo de la sequía y de la hambruna, como fue el caso de la familia de Jacob. Gentes sencillas que, de una forma u otra, se vieron absorbidos por la despiadada maquinaria del Imperio. Con todo y con eso, resulta bastante improbable que, por pura compasión o piedad, cualquier faraón hubiese dejado marchar a los esclavos, incluso una vez acabadas las tareas de construcción. Sin duda tuvo que pasar algo realmente importante para que Ramsés II liberara a los israelitas que, como hemos visto, se asentaron en las tierras de Canaán, y para que el descendiente de Ramsés, Merenptah, los atacara sin contemplaciones años más tarde, quizás buscando venganza por lo que Moisés le había hecho a su padre.

Indudablemente Qantir era la espina en el dedo de los escépticos. Como también lo era el Papiro de Harris 1, llamado así porque fue adquirido por el arqueólogo A. C. Harris —datado a finales de la vigésima dinastía— donde se relata cómo los egipcios persiguieron a los *shasus*, a quienes después se han identificado como los Bani-Israel. Y el Papiro de Anastasi VI, que describe cómo algunas tribus beduinas entraron en Egipto huyendo de la sequía, lo que concuerda perfectamente con la historia del patriarca José que encontramos en la Torah.

Los restos arqueológicos se encontraban en el delta del Nilo, a apenas unos kilómetros de Faqus por la carretera que lleva a Ismailia y Port Saeed. Aunque el yacimiento se extendía cerca de quince o veinte kilómetros cuadrados entre Qantir y Tell el Daba, el palacio de Ramsés II era sin duda el núcleo principal de la excavación. Posiblemente fuera allí donde ocurrió toda la trama.

Terminada la *shisa*, respirando todavía el sabor a tabaco de frambuesa, decidí entrar en la mezquita sufí que se encontraba a escasos metros del Fishawi para dar cuenta de la oración nocturna. Las palabras de Ángel resonaban todavía en mi memoria: «Solo un caballero perfecto podrá encontrar el Grial». El edificio, tan humilde como magnífico, guardaba con celo sus secretos de la vista de los turistas que pasaban, como Perceval, sin atreverse a preguntar. Sumido todavía en mis pensamientos, me incliné y me postré como manda la religión de Muhammad sin importarme lo que mis hermanos cristianos y judíos pensaran al respecto. Hace años comprendí que Dios no era una religión, sino una relación, por lo que, desde entonces, me he dedicado a estudiar y practicar vehementemente las tres religiones monoteístas en pos de conocer a un Dios que, a mi juicio, merece ser conocido.

Mi actitud, como el lector podrá adivinar, no ha sido bien entendida por aquellos que se han dedicado a levantar muros, los mismos muros que alzan en sus mentes, los mismos que yo intento derribar. Concluida la oración, me senté apoyando la espalda en una de sus columnas mientras pasaba una a una las cuentas de mi rosario, buscando la tranquilidad que conlleva recitar en voz baja cada uno de los Atributos de Allah.

Al cabo de un rato, antes de disponerme a salir, con el alma más serena, escuché a un joven decirle a su maestro: «Oh señor, mi sueño es poder viajar a La Mecca y besar la piedra negra de La Kaaba». El maestro miró a su discípulo y, señalando a un hombre abisinio que teníamos cerca, le dijo: «¿Vas a recorrer cientos de kilómetros solamente para besar una piedra? Besa a ese hombre, que también es negro. ¡Seguro que apreciará más tu gesto!».

En aquel lugar y en aquel momento me pregunté si, como aquel joven, no estaría yo también corriendo detrás de un espejismo. Y, sin embargo, por perseguir ese sueño era capaz de levantarme cada mañana. Ese fantasma sin vida al que estaba persiguiendo, no obstante, me otorgaba una nueva vida llena de aventuras, tesoros extraordinarios, reliquias perdidas y misterios por desvelar. Aquel ímpetu me estaba conduciendo por los lugares más sagrados de mis tres religiones, siguiendo las huellas de aquellos primeros hombres y mujeres notables cuyos nombres todavía no han sido borrados por las arenas del tiempo.

Cuando desperté por la mañana, bajé al restaurante del hotel Les Pyramids y tomé un frugal desayuno. Ibrahim me estaba esperando en el hall. El día prometía ser intenso. Quince minutos más tarde subí de nuevo a la habitación, cogí el pasaporte, algo de dinero y comenzamos la ruta. El Cairo tiene un tráfico feroz sea la hora que sea, pero, tras poco menos de una hora, ya estábamos rodeados de desierto a un lado y otro de la carretera rumbo a Qantir. Ibrahim me confesó que, desde los recientes atentados a un avión ruso en la península del Sinaí, las medidas de seguridad se habían extremado en todo el país, cosa que no tardaríamos en comprobar cuando, nada más salir de la ciudad, fuimos parados por un control de carreteras. Mientras un joven imberbe, con su AK-47 colgada del cuello, me pedía el pasaporte, otro soldado, un poco más veterano, le preguntaba a mi acompañante por nuestro destino.

—¡Qantir! —exclamó mientras levantaba la mirada de la documentación de Ibrahim y clavaba sus ojos en mí— Qantir no entra dentro de las rutas turísticas. ¿Qué tienen pensado hacer allí?

—Tan solo ver las ruinas arqueológicas, señor —contesté con mi mejor sonrisa—. He estado muchas veces en su país y, cada vez que vengo, me gusta visitar algún lugar nuevo. Ver la ciudad de Tanis, la antigua capital de la vigésimo primera dinastía, es una de mis tareas pendientes —Por algún motivo creí conveniente no mencionar el tema de Pi-Ramsés ni del Éxodo.

El soldado que estaba a mi lado se incorporó y se dirigió hacia donde su compañero para mostrarle mi pasaporte. Gracias a Dios todavía tenía un par de sellos de mis anteriores entradas.

—¿Tienen permiso para visitar la excavación? —volvió a insistir.

—Ayer estuve hablando con mi buen amigo Ayman Ashmawi, director del sector del Antiguo Egipto del Ministerio de Antigüedades, y me dijo que no necesitaba ningún permiso y que no tendría ningún problema —contesté sosteniéndole la mirada y poniendo cara de pocos amigos.

El soldado apartó la vista, se volvió para hablar con su compañero y finalmente nos devolvieron la documentación.

—Algún día tus trucos nos van a costar caros —dijo Ibrahim mientras metía primera y retomábamos el camino.

—Puede que algún día —repliqué sonriendo— pero hoy no.

—Te ha salido bien porque solo eran dos jovencitos inexpertos. Supongo que tan solo querrían una propina…

—Ya, bueno, también tengo trucos para gente mayor… No te preocupes por eso. Y mis propinas las guardo para quien las necesita, no para quien intenta extorsionarme.

Pasadas un par de horas llegamos a Faqus, donde paramos a tomar un tentempié y seguimos hacia Tell el Daba. Al cabo de pocos minutos volvimos a salir de la carretera principal y seguimos por una vía de tierra hasta que vimos un improvisado campo de fútbol, unos cuantos huertos familiares y algún que otro perro callejero que deambulaba por las afueras de la aldea. Tras una valla, por fin, entre el verde de la hierba y el rojo del suelo, el yacimiento arqueológico hizo su aparición mostrando un total abandono. Las excavaciones de lo que parecía ser un magnífico edificio habían sido desmanteladas y dejadas a su suerte, como si ya no le interesasen a nadie.

—¿Qué está pasando aquí? —pregunté a Ibrahim, que tampoco daba crédito a lo que estaba viendo.

Desconcertado, sugerí que siguiésemos hacia Pi-Ramsés, nuestro verdadero objetivo. Volvimos al coche y continuamos quince minutos más hasta las afueras de Qantir, donde el recinto arqueológico igualmente parecía casi abandonado. Desde luego, hacía mucho tiempo que nadie trabajaba en ese lugar, al menos excavando la tierra. El guardia, un lugareño afable y confiado, tuvo la amabilidad de hacernos de guía por entre los restos de lo que otrora fue la ciudad de Ramsés II. No obstante, la sensación de que algo no andaba bien me acompañó durante todo el recorrido. Parecía como si alguien estuviese empeñado en querer olvidar la memoria de este sitio.

Le pedí a Ibrahim que le preguntara al guarda si sabía por qué se habían abandonado los trabajos arqueológicos, pero el hombre, con un extraño gesto que me dio que pensar, se encogió de hombros. También le pedí que le preguntara si sabía si tenían pensado retomar los trabajos, pero volvió a torcer el gesto y, cohibido, nos mostró de nuevo su ignorancia. Si sabía algo, desde luego no podía o no quería decírnoslo.

Durante la década de 1990, un equipo austríaco estuvo trabajando en el área Ezbet Hamdy, no lejos de aquí, y consiguió sacar a la luz una estructura palaciega perteneciente a los hicsos, además de pinturas de la dinastía XVIII con claras alusiones a la civilización minoica, así como piedra pómez quizás proveniente de la explosión de la isla de Santorini. Y tal vez ese fuese el motivo de la paralización de las obras…

En el año 2006, James Cameron —director de la película *Titanic* y *Avatar*—, junto a Simcha Jacobovici, se atrevieron a realizar un documental titulado «El Éxodo Decodificado», donde aseguraban que los antiguos hicsos fueron realmente el pueblo de Israel, y que los hechos narrados en el Éxodo ocurrieron en torno al año 1500 a. C., por lo que el faraón que dejó partir a los hebreos habría sido Amose I. Simcha Jacobovici se basaba en una estela encontrada en Karnak que relataba una gran tormenta que oscureció Egipto, así como distintas catástrofes provocadas por un dios desconocido durante el reinado de este faraón. Las Diez Plagas, por su parte, habrían sido producto de la erupción del volcán de la isla de Thera.

Como era de esperar, el film levantó ampollas en la comunidad científica, pero sobre todo en los estamentos religiosos. En todo el mundo se alzaron voces criticando el punto de vista del director y productor canadiense, pero sobre todo entre las autoridades musulmanas, que por alguna razón temieron que nuevas pruebas confirmaran los hechos narrados en la Biblia y que el Estado de Israel se viera fortalecido en su intención de recuperar los territorios palestinos. Además, que Israel pusiera su mirada en Egipto no era precisamente lo que más deseaban los nuevos dirigentes del país después de la primavera árabe.

Tanto si James Cameron como mis propias indagaciones eran acertadas, este sería el lugar en discordia. Por una parte, en Tell el Daba se encontraba la ciudad de Avaris, capital de los hicsos; y por otra, a tan solo unos kilómetros, Pi-Ramsés. Si además añadimos al documental de Cameron las hipótesis del arqueólogo Manfred Bietak, que incluso propuso una ruta para el éxodo, podemos llegar a la conclusión de que al Ministerio de Antigüedades egipcio no le interesaba en absoluto que nadie más metiera sus hocicos en este lugar. De hecho, lo mejor para ellos sería que todo el mundo se olvidara de Qantir, de Tell el Daba y del Éxodo.

Regresé a El Cairo con el corazón dividido. Por una parte, que algunas personas dentro de organizaciones de poder teman que los expertos sigan trabajando en ese lugar era señal de que íbamos por buen camino y de que la Biblia no era solo una amalgama de mitos y leyendas, sino algo muy real. Por otra, que el eterno enfrentamiento árabe-israelí llegase incluso a boicotear el trabajo de los arqueólogos era el colmo de lo absurdo. Como dijo Albert Einstein, «Solo hay dos cosas infinitas: el universo y la estupidez humana. Y de lo primero no puedo estar seguro».

Sacerdotes portando el Arca sobre el río Jordán.

¿Dónde está el auténtico Monte Sinaí?

«Dijo Moisés a Yahvé: "¿Quién soy yo para ir a Faraón y sacar de Egipto a los israelitas?". Respondió Dios: "Yo estaré contigo y ésta será para ti la señal de que Yo te envío. Cuando hayas sacado a mi pueblo de Egipto, me daréis culto en este monte"». Éxodo 3, 11-12

Como en 2001, y a pesar del estado de emergencia del lugar debido al atentado terrorista del avión ruso, decidí viajar hasta Sharm el Sheikh, en la península del Sinaí, para volver a subir al Monte Moisés. Aunque originalmente el judaísmo lo llamaba Horeb, también será conocido como Monte Sinaí por estar rodeado de desierto (*Sin*). Tres mil años atrás, Yahvé entregó en este lugar las Tablas de la Ley a Moisés. Ahora, treinta siglos más tarde, me disponía a subir a uno de los enclaves más extraordinarios de la historia de la humanidad, a la cima de Jabal Musa, siguiendo las huellas de Dios. ¡Tenía que estar listo!

Tras un relajante baño en las aguas del Mar Rojo y una deliciosa cena a base de fruta fresca, opté por subir a la habitación para descansar un rato antes de que el minibús, cortesía del hotel, me dejara a los pies de mi destino. A eso de las dos de la mañana pondría rumbo al Monasterio de Santa Catalina para escalar hasta el pico más alto de la cordillera donde se supone que Dios se mostró cara a cara al profeta judío. Durante generaciones, hombres y mujeres han encumbrado este lugar buscando despertar en sus corazones el Sentimiento de Dios y, al llegar aquí, dejaron las impregnaciones de sus oraciones, súplicas y alabanzas en la roca, en el aire y en el espacio para que el tiempo las guardase. Toda esa energía se encontraba en esa montaña de poco más de dos mil metros de altura, y tal vez, solo por eso, ese lugar ya sea sagrado.

Aunque puede que no sea ese el monte original del Éxodo, sin duda Dios se esconde en cada una de sus laderas, en el camino que sube hasta la cima —donde monjes de siglos pasados tallaron la piedra viva para convertirla en peldaños con los que facilitar la subida a los peregrinos— e incluso en el valle, donde se levanta discreto el claustro que conmemora la visión de la Zarza Ardiente. Si no es esa la cumbre que coronó Moisés, sí es el paisaje que contemplaron cientos de santos y santas alguna que otra madrugada en el devenir de sus vidas, cuando decidieron arribar hasta aquí para esperar la salida del sol — como yo ahora— y suspirar por un Dios que no puede ser visto, pero que puede ser sentido. Incluso es posible que esta cordillera albergara en algún momento a los hebreos en su huida de Egipto. ¿Quién sabe?

Con el corazón en un puño, dejé el monasterio a la derecha y seguí el camino de baldosas amarillas hasta la Ciudad de Oz. A pesar del siniestro del vuelo 9268 de Kogalymavia, a esas horas de la madrugada miles de peregrinos me precedían ya en pos de alcanzar un momento de intimidad con Dios. En el valle frente a mí, semejante a la típica imagen de la Santa Compaña, un sinnúmero de almas comenzaban su peregrinación hacia la cumbre del monte sagrado portando luces que movían al compás de su paso lento pero constante. Linternas que parecían desafiarme diciéndome: «Aquí estamos, llegaremos antes que tú y no podrás hablar con Él».

Sin vacilar, aligeré el paso mientras un solo pensamiento se instalaba en mi mente: conseguir llegar el primero a la cima para poder estar a solas con Dios al menos unos segundos. Pero, si quería hacerlo, tenía que adelantar a esa «serpiente de luz» que me robaba el terreno.

Si alguna vez había estado seguro de algo, fue en aquel instante. Tan solo tenía que bajar la cabeza, concentrarme en lo que quería hacer, y hacerlo. Recogí el guante, mi determinación fue creciendo y mis pasos acelerándose cada vez más hasta que tomaron la velocidad suficiente como para permitirme ir adelantando peregrinos con relativa comodidad y sin causar molestias. Tras un trecho, el recorrido se bifurcó, pero la serpiente aún se veía muy lejos. ¡Había que seguir! Continué adelantando almas, tenía una cita con mi Padre, aquel a quien llevo buscando durante toda mi vida, ¡no podía llegar tarde!

Según la Torah, Dios se manifestó a Moisés en la más completa soledad, por tanto, era imperioso subir antes que cualquiera para escuchar lo que Dios tuviera a bien decirme. Mis nervios me hacían acelerar cada vez más el paso.

—Tranquilo, corazón —me decía constantemente—. No sabes cuánto puede durar esto.

Intenté abandonar mis emociones para no llamar al cansancio y, como un yak que camina seguro por los escarpados picos del Himalaya, seguí el camino decidido a cumplir mi misión.

—Yahvé me acompaña y me da fuerzas —me repetía para no desfallecer mientras recitaba el *Shemá oh Israel*, la oración más sagrada del judaísmo. No quería mirar atrás, no quería convertirme, como la mujer de Lot, en estatua de sal. Ya estaba en la barriga de la serpiente, debía seguir.

De pronto llegué a una subida sin tregua, por fin veía claramente la silueta del monte. Aunque cada vez eran menos los peregrinos que tenía que adelantar, todavía estaba lejos de mi objetivo.

Los diablos que conducen los camellos no me dejan adelantarles. ¡Lo hacen aposta! Uno de ellos me ha mirado y se ha reído las dos veces que me ha cortado el paso. Ha estado a punto de empujarme al vacío. Yo también sé abrirme paso a empujones, aunque sea a un camello, pero no puedo hacerlo. Solo un caballero perfecto podrá encontrar el Grial.

Por fin logro adelantarlo y lo dejo vociferando lo que supongo no será nada bueno para mí ni para mi familia. Cada vez estaba más cerca y cada vez quedaba menos gente por adelantar. La serpiente de luz ya iba detrás de mí. Ahora era mi linterna la que guiaba el paso. La cima de la montaña debía estar cerca…

Ya estaba más tranquilo, ya no hacía falta correr tanto. Sin duda era el primero y mis supuestos rivales se habían quedado cientos de metros atrás, por lo que decidí disfrutar del paisaje ahora que había salido la luna y podía permitírmelo.

Hace un rato que empezó la «escalera de piedra». Enormes rocas de medio metro a modo de peldaños tallados en la roca viva que facilitan en cierta forma la subida llevándome por el sendero correcto hasta la cumbre. No sé ni cómo puedo seguir el paso, mis piernas están tan cansadas que no entiendo cómo consigo mantenerme en pie. ¡Venga! Quedan quince metros ¡Ya casi he llegado! Siete metros…

De repente, la silueta de un joven me adelanta fuera del camino y me gana la posición. ¿Cómo es posible? ¿De dónde ha salido?

Desolado, veo cómo llega primero a la cima. No tengo palabras. Todo el cansancio que llevaba ignorando durante más de tres horas regresa ahora y me golpea como una tormenta de arena que me roba las pocas fuerzas que me quedan. Ese joven ha vencido, es más digno de la Palabra de Dios que yo…, pero no debo detenerme. Cada paso me cuesta un terrible esfuerzo. El corazón me pesa más que las piernas.

—Pero, ¿qué es esto? ¿Qué pasa ahora? —Otra persona pasa junto a mí y me saluda—. ¿De dónde ha salido este también? —Casi me caigo de la impresión—. ¡Manuel, reacciona!

Sacando fuerzas de flaqueza, llego por fin a lo más alto de mi fe. No he sido el primero, pero tengo que encontrar un sitio donde refugiarme para poder estar solo. He superado a unas tres mil personas, pero he perdido la batalla.

Hace muchos años, Dios bajó su mirada hasta aquí. En la Guerra de los Seis Días, cuando el Estado de Israel ocupó la península del Sinaí, el rabino Shlomo Gorem, al frente de las tropas de asalto, subió a la cima de este monte y dijo:

—Por fin el pueblo elegido regresa al lugar de donde partió.

Sin duda me encontraba en uno de los enclaves de poder más importantes de la historia de la humanidad. ¡La sensación era increíble! Dios debía estar cerca. Cegado por ser el primero, por adelantar gente, no supe ver que el camino era la meta y la meta el camino. Curiosa paradoja fue tener que subir un montón de piedras para bajar al centro de mi alma. Sin embargo, allí, sentado, pude ser testigo de cómo el cielo iba cambiando, en silencio, sin hacer el menor ruido, y tuve la sensación de que todas las cosas cambiaban sin cambiar, y de que no existía el tiempo, ni el mañana, ni el ayer, ni otra cosa que no fuera el aquí y el ahora.

Mirando fuera, quise mirar también hacia dentro y pude descubrir igualmente la espaciosidad de mi mente, que también cambiaba sin cambiar. En una especie de éxtasis que las palabras no pueden describir, tuve la extraña sensación de que fuera y dentro eran una misma cosa, y quise descansar en aquel estado donde no tenía que ser nada más que lo que ya era. Por primera vez me había topado con la calma, la serenidad y la belleza que se escondían en mi corazón. Había descubierto un gran tesoro: *el silencio*. Un vacío paradójicamente lleno de vida. Un espacio en blanco lleno de yo, lleno de Dios, lleno de Todo.

Así, bajo el cielo del amanecer, pude deleitarme con los colores rojos, anaranjados y violetas que se me mostraban, hasta que el astro rey hizo su aparición y todo se volvió aún más mágico dentro de aquella límpida claridad. Por fin las colinas de la cordillera mostraban sus secretos a unos ojos que habían aprendido a mirar y ver. A comprender que Dios no era un viejo barbado que se escondía en la cima de un monte, y que, por más cordilleras que me empeñara en subir, jamás encontraría aquella forma de Dios demasiado pequeña como para ser real. Yahvé se escondía en cada uno de sus Atributos, como la belleza, la cual ahora podía contemplar, e incluso, si estaba dispuesto a romperme en mil pedazos, tal vez podría formar parte de aquel milagro, porque un corazón roto es lo que Dios necesita para poder recomponerlo a su gusto.

Aquel amanecer aprendí a escuchar el sonido del desierto en la cima del Monte de Dios, un silencio prístino y ensordecedor que no podía ser quebrado con nada y que dejé que me calara el alma. De esa manera, la belleza me reclamó como suyo y yo le dejé hacer.

El silencio, cuando se mete en tu interior, hace que la mente se aquiete y que el alma escuche. De esa manera descubrí que también el silencio es otro de los Nombres de Dios.

Mientras mi alma se perdía en el infinito, una mujer me sacó de mis reflexiones. Su pelo negro flotaba al viento contrastando con su blanquísima piel.

—¿Ves tanta belleza? —me preguntó— Pues pasa todos los días mientras el mundo duerme. Solamente unos pocos se dan cuenta, despiertan y vienen a verla. Dios, igualmente, amanece y se pasea todos los días por nuestra vida, a nuestro lado, mientras estamos como dormidos; y solamente unos pocos se dan cuenta y despiertan para verle.

Atónito y enamorado, acerté a preguntarle su nombre:

—Laila —me dijo—. ¿Y el tuyo?

—Majnun —contesté.

Con el alma tan ligera como una pluma, me aventuré a entrar en el refugio de peregrinos que se levantaba a escasos metros de allí, donde un té caliente y un chocolate hirviendo me hicieron recobrar las perdidas fuerzas y entrar en calor. Pasados unos minutos, volví a salir para contemplar lo que se me mostraba. En el horizonte, el sol ya había despertado de su reparador sueño, y cientos de hombres y mujeres a mi alrededor rezaban, meditaban, escuchaban canciones, se besaban y algunos hasta se inclinaban y postraban al son de la frase «Allah u Akbar» («Dios es el más Grande»). Todo estaba en movimiento y a la vez estático. Todo cambiaba sin cambiar.

Interior del Refugio en la cima del Monte Moisés, península del Sinaí.

Aunque Elena Augusta, madre del emperador Constantino, fue la primera promotora de viajes sagrados, los lugares que halló distan mucho de ser los escenarios reales que relata la Biblia porque, sencillamente, se dejó llevar por las tradiciones locales sin tener en cuenta las indicaciones más precisas de las Escrituras. El mal llamado Monte Moisés, donde ahora me encontraba, pertenecería a Egipto en tiempos de Ramsés II —concretamente a una zona minera donde los esclavos eran obligados a trabajar extrayendo metales para el faraón—, por lo que no es probable que este sea el lugar que Moisés escogió para refugiarse y salvar su vida. Más bien lo habría evitado a toda costa.

El libro del Éxodo explica claramente que el Príncipe de Egipto llegó a la tierra de Midiam, al noroeste de la actual Arabia Saudí, donde protegió a las hijas de Jetro del incordio de algunos pastores amalecitas. Después, tras pasar cuarenta años pastoreando los rebaños de su suegro, vio una zarza ardiendo en el Monte Horeb y, cuando se aproximó, escuchó la voz de Dios encargándole liberar a su pueblo de la servidumbre.

Aquella zarza que Moisés vio envuelta en un fuego que no se consumía, y de donde partió la voz de Dios, era en realidad una planta autóctona de la región llamada Moriá —*Salvia Palaestina*—, la cual será después inmortalizada en los objetos sagrados que Yahvé ordenó fabricar, junto al Arca, al artesano Besalel, y que hoy conocemos como la Menorah, a pesar de que los monjes de Santa Catalina lleven más de mil años reverenciando una zarzamora que aseguran es la planta original de Moisés.

> «Harás también un candelabro de oro puro. Harás de oro macizo el candelabro, su pie y su tallo. Sus cálices, corolas y flores formarán un cuerpo con él. Saldrán seis brazos de sus lados: tres brazos de un lado y tres del otro. El primer brazo tendrá tres cálices en forma de flor de almendro, con corola y flor; también el segundo brazo tendrá tres cálices en forma de flor de almendro, con corola y flor; y así los seis brazos que salen del candelabro». Éxodo 25, 31-33.

Reproducción del bajorrelieve del Arco de Tito.
Museo de la Ciudadela. Jerusalén.

Muchos autores que no han pisado ni de lejos Egipto o Israel, para explicar que el milagro del fuego que no quemaba fue algo natural, se han empeñado en decir que la zarza era en realidad una acacia que pudo haberse encontrado bajo un pozo de gas natural; o incluso que fue una variedad de *Dictamnus Albus*, una planta que desprende etileno, un hidrocarburo que arde fácil y rápidamente al contacto con una llama, dejando no obstante a la planta ilesa.

Incluso hay quien afirma que la zarza era en realidad un arbusto alucinógeno que el profeta hebreo habría consumido, de ahí su posterior teofanía. Todas esas opiniones no tienen en cuenta la tradición hebrea, que lleva tres mil años apuntando a qué especie arbórea pertenecía la zarza, ni la herencia de las religiones, y lo único que pretenden es arrancar la magia de nuestro mundo de la misma manera que sus promotores la extirparon de sus vidas. Empero la magia, a pesar de muchos, es real y lo seguirá siendo.

Una de las imágenes más famosas que se conserva en nuestros días de la Menorah se encuentra en los bajorrelieves del Arco de Tito, junto al Coliseo, conmemorando la victoria de las tropas romanas y el saqueo y posterior destrucción del templo de Herodes a finales del siglo I. Con todo, la imagen de esa Menorah no puede ser la original, ya que las instrucciones de la Torah ordenan claramente que la luminaria debía tener tres patas, no una base escalonada como la que muestra la talla de Roma.

Con todo, Moisés se empeñará en poner a prueba a Dios, reprochándole que, si fuera a los hebreos, estos no le creerían; y que, además, padecía un problema en el habla —Éxodo 4, 10— aunque el libro de Hechos de los Apóstoles afirmará siglos después que «Moisés fue instruido en toda la sabiduría de Egipto, y que era un hombre grande en palabra y en hechos».

Dios, en lugar de sanar su supuesta tartamudez, designará a su hermano Aarón como intérprete. —la palabra *Aron*, en hebreo, significa también «arca, baúl o cofre».

Que los textos bíblicos reconozcan esta discapacidad en Moisés otorga credibilidad a la historia pues, ¿quién querría inventarse un héroe tartamudo? Sin embargo, también puede revelarnos una verdad oculta. Y es que Moisés, como Príncipe de Egipto, posiblemente no hablara la lengua hebrea con soltura… Por esa razón necesitó un intérprete: su hermano Aarón.

El Talmud —*libro que recoge la tradición oral hebrea, escrito unos doscientos años después de Cristo*— asegura que su falta en el habla se debió a un encuentro desafortunado que tuvo con el faraón Seti I siendo niño. Sea como fuere, Moisés cumplió su cometido y regresó al monte Horeb siguiendo posiblemente la ruta norte del Sinaí; o quizás por la ribera del Golfo de Suez hasta cruzar el Mar de Aqaba para llegar hasta Arabia.

Antes de alcanzar su destino, en el camino hacia el desierto de Param, los hebreos pasarían por un lago de aguas amargas llamado Mara, que hoy también podemos localizar en Arabia, y después por un oasis de verdes palmerales llamado Elim. Algo más tarde lucharon contra los amalecitas en Refidim, cerca de las tierras de Jetro, hasta que por fin alcanzaron los pies de Jabal al Lawz, la Montaña de la Ley. Curiosamente, en el noroeste de Arabia existe un lugar que concuerda con la descripción que encontramos en la Biblia, y que la tradición árabe, además de san Pablo, sostiene que fue allí donde se revelaron los Diez Mandamientos.

> «Estas mujeres, Agar y Sara, representan dos alianzas; la primera, la del monte Sinaí; la madre de los esclavos es Agar, pues el monte Sinaí está en Arabia; ella es esclava, lo mismo que sus hijos. Pero la Jerusalén de arriba, Sara, es libre; ésa es nuestra madre». Gálatas 4, 24.

En el lugar que hoy denominamos Refidim, cerca del monte árabe, hay un promontorio con una roca que tiene una hendidura muy parecida a la que relatan las escrituras.

> «Entonces dijo Moisés: "Déjame ver, por favor, tu Gloria". Y Dios le contestó: "Yo haré pasar ante tu vista toda mi bondad y pronunciaré delante de ti mi Nombre; pues hago gracia a quien hago gracia y tengo misericordia con quien tengo misericordia". Y añadió: "Pero mi Rostro no podrás verlo; porque no puede verme el hombre y seguir viviendo". Luego dijo Yahvé: "Mira, hay un lugar junto a mí; tú te colocarás sobre la peña, y al pasar mi Gloria, te pondré en una hendidura de la roca y te cubriré con mi mano hasta que

Yo haya pasado. Luego apartaré mi mano para que veas mi espalda; pero mi Rostro no se puede ver"». Éxodo 33, 18-23

Inexplicablemente, la localización del auténtico Monte Horeb se perdió, como el Arca de la Alianza, durante el exilio en Babilonia del pueblo judío. Periodo en el cual los hijos de Israel tuvieron que adaptar su vida, costumbres y religión al nuevo país donde se encontraban. No obstante, la cultura hebrea ya había sufrido varios contratiempos, como las desavenencias de sus reyes con las leyes de Yahvé y el coqueteo de estos con las divinidades paganas, como el propio Salomón, pero sobre todo Manasés y su hijo Amón, que se atrevieron a hacer sacrificios humanos —especialmente de niños— en el recinto del templo glorificando a los dioses asirios que introdujeron en el *Sancta Sanctorum* —2º Reyes 21, 7—; o la persecución de la religión de Abraham que llevó a cabo el rey Acab, quien prefirió el culto a Baal y Astarté.

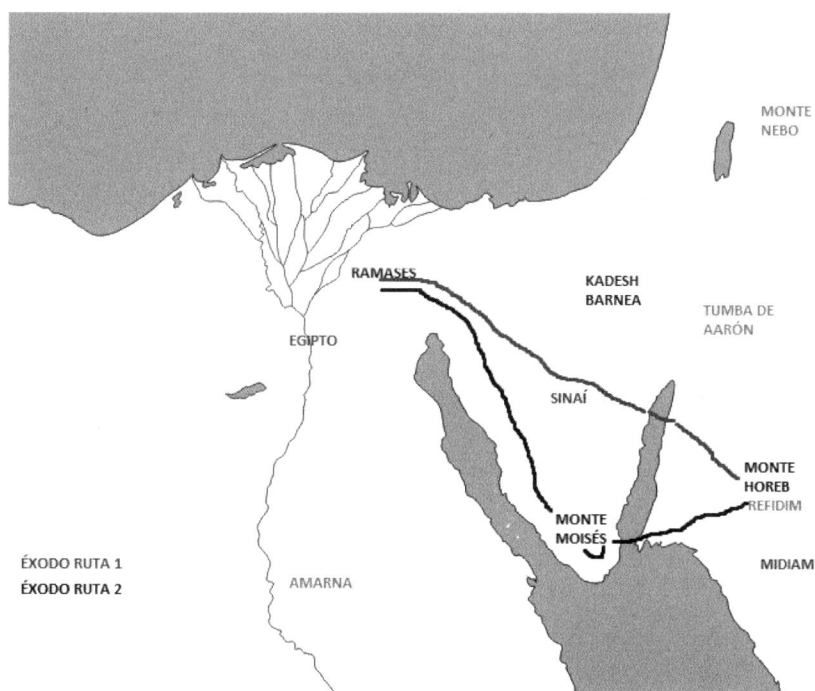

Dos posibles rutas del Éxodo.

Cuando Moisés bajó con las Tablas de la Ley, encontró a los hijos de Israel adorando a Yahvé bajo la forma de un *Becerro de Oro*.

Contrariamente a lo que se nos ha venido diciendo, los israelitas no se apartaron del Dios de Moisés, pero ante la tardanza de su líder, las tribus cometieron el terrible pecado de querer dar forma a un Dios sin forma. El nombre «ÉL», con el que también fue conocido el Dios de Abraham, o incluso su plural mayestático «Elohim», era representado por las tribus beduinas bajo el semblante de un toro, semejante al dios egipcio Apis, al cual le atribuyeron numerosas propiedades sobrenaturales.

«ÉL» era la deidad del desierto, quizás herencia del culto egipcio o védico, y los cananeos lo adoraban junto a su esposa Aserá, sobradamente conocida por los redactores de la Biblia.

Isra-El, sobrenombre de Jacob, significa «Quien ha luchado con Dios». Jeroboam I, sucesor de Salomón, volvería al culto a ÉL/Apis tras la muerte de su predecesor, levantando dos becerros —uno en Dan y otro en Betel— para que sustituyeran a Yahvé en el templo de Jerusalén, que, por otra parte, ya había sido saqueado por su mecenas, el faraón Sisaq.

«Eli, Eli, Lema Sabactani». Mateo 27, 46

Movidos por el recuerdo del antiguo culto a ÉL, los israelitas, olvidándose de Moisés, desearon parecerse a sus vecinos egipcios y cananeos, los cuales llevaban en volandas a sus dioses montados sobre arcas y pedestales. Sin embargo, eso no era lo que Moisés había previsto.

«Cuando el pueblo vio que Moisés tardaba en bajar del monte, se reunió el pueblo en torno a Aarón y le dijeron: «Anda, haznos un dios que vaya delante de nosotros, ya que no sabemos qué ha sido de Moisés, el hombre que nos sacó de la tierra de Egipto». Aarón les respondió: "Quitad los pendientes de oro de las orejas de vuestras mujeres, de vuestros hijos y vuestras hijas, y traédmelos". Y todo el pueblo se quitó los pendientes de oro que llevaba en las orejas y los entregó a Aarón. Los tomó él de sus manos, hizo un molde y fundió un becerro. Entonces ellos exclamaron: "Este es tu Dios, Israel, el que te ha sacado de la tierra de Egipto". Viendo esto Aarón, erigió un altar ante el becerro y anunció: "¡Mañana habrá fiesta en honor de Yahvé!"». Éxodo 32, 1-5

Aunque las Tablas eran de origen divino, Moisés redactó otras 613 leyes —llamadas *Mitzvá*— recogidas en la *Halajá*, que son bastante más... humanas. Estas normas reflejan el deseo del caudillo hebreo de alejarse de toda vinculación con Egipto —al que parece profesarle especial animadversión, pero que sin embargo pretende emular en muchos aspectos— e intentará procurar para los *Bani Israil* una nueva identidad como nación. Sin embargo, por su dura cerviz, los hebreos serán arrojados al desierto durante cuarenta años antes de llegar a la Tierra Prometida.

Cuarenta, según la Cábala, es un número alquímico que se repite constantemente en la Biblia precediendo una transmutación interior, un cambio profundo que debía producirse en el alma de un hombre, o, en este caso, de una nación, antes de ser puesta completamente al servicio del Señor... Moisés vivió en Midiam durante cuarenta años hasta que Dios se le apareció en la zarza. Cuarenta días más pasó orando en lo alto del Monte Sinaí hasta que bajó con las Tablas de la Ley. Murió a los ciento veinte años, es decir, tres veces cuarenta. Un milenio más tarde, Jesús ayunará cuarenta días en el desierto para vencer al diablo y hacerse hijo de Dios. Además, durante cuarenta días se presentará a numerosos testigos tras su muerte, antes de subir a los Cielos y de sentarse a la derecha del Padre.

Vista desde el Monte Moisés, península del Sinaí.

Una caja llena de dudas

«Yahvé habló a Moisés diciendo: «Me harás un Santuario para que Yo habite en medio de vosotros. Lo haréis conforme al modelo que voy a mostrarte. Harás un arca de madera de acacia de dos codos y medio de largo, codo y medio de ancho y codo y medio de alto. La revestirás de oro puro; por dentro y por fuera la revestirás; y además pondrás en su derredor una moldura de oro. Fundirás para ella cuatro anillas de oro, que pondrás en sus cuatro pies, dos anillas a un costado y dos anillas al otro. Harás también varales de madera de acacia, que revestirás de oro, y los pasarás por las anillas de los costados del arca para transportarla. En el arca pondrás el Testimonio que Yo te voy a dar. Harás asimismo un propiciatorio de oro puro. Harás, además, dos querubines de oro macizo; un querubín en un extremo y el segundo en el otro. Los querubines formarán un cuerpo con el propiciatorio. Estarán con las alas extendidas por encima, cubriendo con ellas el propiciatorio, uno frente al otro, con las caras vueltas hacia el propiciatorio. Allí me encontraré contigo». Éxodo 25.

Como era de esperar, los influjos del tiempo y los vaivenes del pueblo hebreo hicieron mella en la memoria colectiva, e incluso en las Escrituras, que posiblemente fueron rehechas en más de una ocasión —como podemos intuir tras un estudio detallado de las mismas— por lo que no debemos tomar como literales todas las historias que encontramos en el Antiguo Testamento. La narración del Diluvio y la salvación de una pareja de animales de cada especie está tomada de los mitos sumerios, especialmente de una tablilla hallada en Nippur, donde se relata que los dioses castigaron a la humanidad con la única excepción de un hombre llamado Ziusudra, que se salvará junto a toda una serie de animales tras montarse en una embarcación.

Posteriormente, el mito del diluvio será incluido en la epopeya de Gilgamesh, exactamente lo mismo que sucederá en el libro del Génesis, supuestamente escrito por Moisés.

Como ya hemos mencionado, Moisés «fue instruido en toda la sabiduría de los egipcios» —Hechos 7, 22—. Por tanto, estaría al tanto de la historia del diluvio, que también aparece —eso sí, con menos detalles— en el Libro de los Muertos.

> «Esta tierra ha desaparecido con el alba de la existencia, en el océano del cielo, surgiendo del caos de los primeros tiempos». Cap. CLXXIV

Según el relato egipcio, cuando Ra conoció que los hombres estaban conspirando contra él, envió a la tierra a la diosa Sekhmet para devorar a los culpables. No obstante, parece que Sekhmet se extralimitó en sus funciones, por lo cual Ra inundó los campos de un líquido semejante a la sangre humana, engañando a la diosa con cabeza de leona para que bebiera de él y dejara la sangre de los hombres, lo que finalmente acabó saciándola.

El relato de un cataclismo que habría cubierto la tierra de aguas en tiempos remotos es recogido por todas las culturas antiguas, desde la sumeria hasta la mesoamericana, por lo cual, y a pesar de la opinión de los más obstinados, debemos rendirnos a la realidad de que algo así tuvo que suceder en épocas pasadas.

El famoso explorador acuático Robert Ballard piensa que, tras el deshielo de una parte del planeta hace doce mil años, las aguas inundaron la tierra. Asimismo, el desastre de la Atlántida que recoge Platón sería otra más de las tantas variaciones de la misma historia, donde los dioses destruyen a una humanidad que previamente se había vuelto contra ellos.

Que el primer libro de la Biblia también recoja este hecho demuestra lo íntimamente ligado que estaba el mito a la conciencia de los hombres y mujeres de hace tres mil años, los cuales procuraron seguir recordándolo para no desafiar de nuevo a los dioses y morir ahogados.

Con todo, debemos plantearnos seriamente la posibilidad de que la Torah que ha llegado a nuestros días no sea en modo alguno el texto original que escribió Moisés, aunque tras ella indudablemente se encuentre la voz del legislador hebreo. Josías, rey de Israel, afirmó haber encontrado el libro del Deuteronomio escondido bajo alguna losa del templo de Jerusalén. Un libro supuestamente escrito por Moisés que sin embargo relata su propia muerte y enterramiento.

En muchas de sus acciones, Moisés parece más un sacerdote de Amón que un rabino judío. Como la vez que, tras derrotar al rey de Arad, las tribus de Israel partieron hacia el Mar de Suf, pero el pueblo se impacientó por las duras jornadas de viaje y muchos murmuraron contra Dios y contra Moisés, por lo que Yahvé les envió serpientes abrasadoras que mordieron a diestro y siniestro, muriendo la mayoría de los conspiradores. No obstante, Dios se apiadó de los inocentes y supuestamente ordenó a Moisés que fabricase un estandarte con una serpiente de bronce, para que todo aquel que fuese mordido por algún áspid, mirase al símbolo y sanase —Números 21, 4.

Incluso con el Arca en medio de ellos, Moisés haría algo más propio de un sacerdote de Tebas, donde los símbolos de los dioses y sus efigies tenían supuestas propiedades curativas, que de un profeta de Yahvé. Una orden que además irá en contra del primer mandamiento que Dios mismo escribió con su dedo en las Tablas del Sinaí.

«No te harás escultura ni imagen alguna ni de lo que hay arriba en los cielos, ni de lo que hay abajo en la tierra, ni de lo que hay en las aguas debajo de la tierra. No te postrarás ante ellas ni les darás culto, porque yo Yahvé, tu Dios, soy un Dios celoso». Éxodo 20.

Pero, para ser sinceros, incluso la orden de fabricar un Arca con dos querubines encima del propiciatorio infringía claramente el mandamiento más sagrado de Yahvé. Por tanto, solo nos queda preguntarnos: ¿realmente el Arca era tal y como la describe el libro del Éxodo? ¿De veras fue construida por Besalel y Aholiab a los pies del Sinaí?

Como ya hemos mencionado, el Monte Sinaí tomaba su nombre por estar rodeado de desierto, por tanto, ¿de dónde habrían sacado los israelitas el material y los instrumentos necesarios —no digamos ya tamaña cantidad de oro— como para realizar semejante tarea metalúrgica? ¿Realmente un puñado de esclavos que salieron de Egipto a toda prisa habrían estado capacitados para construir artilugios como el Arca, la Mesa o la Menorah en medio de la nada? ¿Dónde habrían encontrado la madera para construir esos utensilios y, además, para mantener vivas unas llamas lo suficientemente fuertes como para modelar el metal?

Mirando a mi alrededor, no me parecía probable que algo así pudiera realizarse en los alrededores de Jabal Musa. Por otra parte, Deuteronomio afirma que Moisés, cuando destruyó el becerro, tiró sus restos al río que bajaba por una de las laderas del monte, un río que aquí no aparece por ninguna parte.

Aunque no fuera este el lugar señalado en las Escrituras, cualquier otro monte en medio del desierto habría tenido los mismos inconvenientes. Si las tribus hebreas alguna vez hicieron algo semejante, habrían buscado sin duda una ciudad para proveerse de los materiales necesarios. Y la ciudad más cercana a Jabal Musa era Sarabit el Jadim —La Montaña del Sirviente—, un antiguo asentamiento minero en el sudoeste de la península del Sinaí, donde excavaciones arqueológicas han sacado a la luz un templo dedicado a la diosa Hathor, así como distintas esculturas de esfinges y tablillas con escritura sinaítica y jeroglífica datadas de épocas incluso anteriores al Éxodo. Un lugar que concuerda con la distancia de diez u once días mencionada en Deuteronomio entre el Horeb y Kadesh Barnea.

No obstante, si en este lugar se hubiera ubicado el auténtico Monte Horeb, como ya hemos mencionado, habría pertenecido a Egipto; y si los hebreos sufrieron la persecución de Ramsés II, no sería el enclave más adecuado para permanecer ni siquiera un segundo. No obstante, el último libro de la Torah nos ofrece una versión muy distinta de cómo era el Arca y de quién la construyó.

«Yahvé me dijo entonces (a Moisés): "Labra dos tablas de piedra como las primeras y sube donde Mí a la montaña; hazte también un arca de madera. Yo escribiré en las tablas las palabras que había en las primeras que rompiste, y tú las depositarás en el Arca". Hice un arca de madera de acacia, labré dos tablas de piedra como las primeras, y subí a la montaña con las dos tablas en la mano. Él escribió en las tablas lo mismo que había escrito antes, las diez Palabras que Yahvé había dicho en el monte, de en medio del fuego, el día de la Asamblea, y Yahvé me las entregó». Deuteronomio 10.

En Deuteronomio es Moisés quien fabrica el Arca antes de subir al Sinaí, no Besalel; y tampoco parece que Dios le dé instrucciones especiales, sino tan solo que fabrique una caja para salvaguardar las Tablas. La tradición rabínica, intentando explicar esta contradicción, asegura que tuvo que haber dos arcas; una con los restos de las primeras Tablas que Moisés destruyó cuando vio a los israelitas adorando al becerro de oro; y otra con las segundas, lo que también explicaría el hecho de que nadie parezca saber a ciencia cierta qué había dentro del cofre sagrado, si únicamente las Tablas de la Ley —Éxodo 40-20— o también la Vara de Aarón y un Cuenco con un gomor de Maná —Hebreos 9, 4.

De esa manera, cuando «el Arca de los Querubines» estuvo terminada, la primera fue también guardada como objeto sagrado, pues contendría los restos de las primeras Tablas escritas por el Dedo de Dios. Y mientras una permanecía en el Tabernáculo para los ritos prescritos, la otra salía como portaestandarte en las batallas. Prueba de esto la tenemos en el libro de Jueces 20, 27, donde se asegura que el Arca estaba en Betel, que literalmente significa la Casa de Dios, no obstante, Silo era su ubicación permanente.

La prohibición de fabricar imágenes no será la única norma que el libro del Éxodo pondrá en boca de Yahvé para después saltarse a la torera. Aunque Dios prohibió tajantemente el asesinato en los Diez Mandamientos, parece que después se desdijo de lo pactado, ordenando a Israel que asesinase al rey de Basán, a toda su familia y a toda su gente. Una incitación al genocidio impropia del Dios de Jesús, pero más acorde con la mentalidad de los mismos sacerdotes que se reunieron en torno al Lithostrotos de Poncio Pilatos pidiendo la vida del Nazareno.

Los grandes profetas de Israel advirtieron siempre contra toda forma de violencia. Moisés, pasajes previos, señalaba: «Yahvé luchará por nosotros» —Éxodo 14; 14—. Como así sucedió cuando sepultó a los ejércitos del faraón bajo las aguas, por lo que debemos señalar que una o varias manos bastante más sangrientas se han ido colando una y otra vez entre los renglones de la Torah original para adecuarla, no al gusto de Dios, sino al suyo propio.

El Arca, como símbolo de Yahvé, será el centro de un culto extraño que necesitará la sangre de cientos de holocaustos para contentar a un Dios reconvertido de las ceremonias egipcias, cananeas y fenicias; sangre que deberá derramarse sobre la tela del Tabernáculo por el sacerdote, además de bañar el suelo y el Altar de sacrificios.

A diferencia de sus vecinos cananeos y fenicios, gracias a Dios —nunca mejor dicho— Israel prohibirá los sacrificios humanos, especialmente de niños, los cuales eran inmolados a Moloch, Baal y Astarté; aunque, como hemos mencionado, Manasés y Acab acabaran sucumbiendo también a ese tipo de crímenes. En cambio, la figura del sacerdote yahvista será más parecida a la egipcia, ya que solamente estos, o en su defecto el faraón, podían entrar en los templos de los dioses y ofrecerles sacrificios, como también sucederá con Moisés en el *Sancta Sanctorum* del Tabernáculo y después con los Sumos Sacerdotes en el templo.

Tras la muerte de Moisés en el Monte Nebo, Josué se convertirá en el cabecilla de un pueblo y de una nueva religión que ahora luchará por establecerse en la Tierra Prometida, para lo cual conquistará Jericó, la primera ciudad que cayó bajo el poder del Arca.

Estando Josué descansando en Gilgal, se le aparecería el jefe de los ejércitos del Señor para darle instrucciones precisas de lo que debía hacer con el Cajón del Pacto:

> «Todos los hombres de guerra rodearéis la ciudad, dando una vuelta alrededor. Así harás durante seis días. Siete sacerdotes llevarán las siete trompetas de cuerno de carnero delante del Arca. El séptimo día daréis la vuelta a la ciudad siete veces y los sacerdotes tocarán las trompetas. Cuando el cuerno de carnero suene, cuando oigáis la voz de la trompeta, todo el pueblo prorrumpirá en un gran clamor y el muro de la ciudad se vendrá abajo». Josué 6, 3-5.

Como era de esperar, al séptimo día, las murallas de Jericó se vinieron abajo y las tropas de Israel conquistaron la ciudad, echando todo el oro y la plata en el tesoro de Yahvé. Luego de esto, Israel levantó el campamento y se asentó en Silo. En Siquem, a escasos kilómetros, Josué, ya viejo y a punto de morir, pidió a las tribus que renovaran el Pacto con Yahvé por tercera vez —ya que Moisés había hecho exactamente lo mismo dos veces con anterioridad, insistiendo para que los israelitas abandonasen definitivamente a sus ídolos—. También sepultaron los restos del patriarca José, que habían traído con ellos desde Egipto… Y es aquí donde quiero que hagamos un alto en el camino.

Con Josué, las tribus de Israel han conquistado la mayor parte de Tierra Santa y cada una se ha asentado en una parcela de terreno según lo convenido. Los sacerdotes se han hecho fuertes en su nueva religión y el tesoro de Yahvé rebosa de riquezas. ¿Es posible que, en este momento de la historia, la caja de madera de acacia que contuvo las Tablas de la Ley se recubriera de oro —oro que ahora sí tenían después de haber saqueado las ciudades de sus enemigos— y que el Arca de los Querubines no naciera en el Horeb, sino en Siquem o Silo?

Desde luego, si alguien tuviera que elegir un momento para fabricar un Arca con todo el lujo de detalles que describe la Biblia, sin duda sería este.

No obstante, también hay otra posibilidad. Prestemos atención a algo que parece que haya pasado desapercibido para todo el mundo: el Osario de José. Si el hijo de Jacob, tal como parece, fue virrey de Egipto, sus restos mortuorios habrían sido sepultados con toda la pompa que merecería su cargo… Y tal vez dentro de la cámara mortuoria se encontrara un arca de madera de acacia forrada con oro, con dos varales para su transporte, y semejante en todo al arca de Anubis hallada en la tumba de Tutankamón, pero sin los adornos propios de los dioses egipcios. En su lugar, tal vez dos querubines en la parte superior habrían sido la solución ideal. Al fin y al cabo, todavía no se había revelado el mandamiento que prohibía hacer cualquier tipo de imagen sagrada.

Las medidas del Arca que se enumeran en el libro del Éxodo parecen excesivamente grandes para guardar tan solo dos tablas de piedra relativamente pequeñas, sin embargo son más propias de los enterramientos egipcios. Además, el lapso de tiempo en el que ambas fueron talladas —durante la dinastía décimo octava y décimo novena— concuerda con el estilo artístico que vemos en tantas otras ya mencionadas y que se reparten por los museos de medio mundo. Por tanto, es posible que el Arca de los Querubines formase parte de los tesoros encontrados en la tumba de José y que saliera de Egipto junto su osario, el cual se encuentra enterrado en la ciudad de Nablús —Cisjordania— donde todavía hoy se veneran los restos de Zafnat Panea.

El Arca, desde que salió del Sinaí hasta que llegó a Silo, siempre había viajado envuelta en piel de foca, delfín o tejón, y cubierta con telas azules junto al osario de José. Según algunas leyendas hebreas, las dos viajaron juntas por el desierto, donde a menudo la gente que se cruzaba con la comitiva, preguntaba qué eran aquellas dos arcas; a lo que los israelitas contestaban: «Son el Arca del vivo y el arca del muerto».

Aunque tan solo eran puras especulaciones, cuando regresé a casa decidí preguntar a Nacho Ares —escritor, historiador y gran experto en egiptología— cómo podría haber sido el ataúd de José y su ajuar, el cual me dijo:

—Depende del momento de la historia en donde ese mito se asiente, la tipología de los ataúdes tendrá una forma u otra. Normalmente son antropomorfos, de madera o de cartonaje, con textos en la superficie que cambian según el periodo histórico, pero de oro olvídate. Solo los reyes tenían de oro… y no todos.

A tenor de la información de Nacho, quien también me previno de que posiblemente estuviésemos hablando de un mito que fue cobrando fuerza a lo largo de los años, tenía que poner en duda mi anterior hipótesis y volver a pensar que el Arca de los Querubines tal vez se construyera en Silo o en Siquem, cuando el pueblo hebreo poseyó los recursos y medios necesarios.

Posiblemente el cuerpo de José habría sido momificado en Egipto y preservado en un sencillo ataúd de madera con su efigie recubierta de yeso, o en un simple cajón rectangular, y después enterrado en una especie de mastaba, pero sin los tesoros de oro propios de los faraones más poderosos.

Jerusalén

«Cada seis pasos que avanzaban los portadores del Arca de Yahvé, se sacrificaba un buey y un carnero cebado. David danzaba y giraba con todas sus fuerzas ante Yahvé, ceñido de un efod de lino. David y toda la casa de Israel hacían subir el Arca de Yahvé entre clamores y resonar de cuernos». 2º Samuel 6, 13-15.

La primera vez que visité Israel fue en el año 2002, con las rencillas de la segunda Intifada todavía frescas entre la población. Supongo que hay lugares dentro de nuestro planeta que nos llaman con una voz que va más allá de los sentidos. Una voz que solo puede ser escuchada por el alma y respondida con el corazón. Y Jerusalén es uno de ellos. Hay gente que se siente atraída por La Mecca, Benarés, el Tíbet o Roma… No obstante, para mí Jerusalén es el *Axis Mundi*, el Eje del Mundo. Pero además también es un mantra, *Yerushalayim*, la Ciudad de la Paz, el cual repito sin cesar para que no se me olvide la promesa de lo que un día podría llegar a ser; el Reino de los Cielos.

Allí, en la sinagoga que se esconde bajo el Arco de Wilson, junto al Muro de las Lamentaciones, oí a un rabino jasídico —*rama mística del judaísmo*— decirle a sus alumnos: «El Arca de la Alianza es el receptáculo donde se guardan las leyes que Hashem dio a su pueblo. No obstante, la verdadera caja no es de madera y oro, sino de carne. Hace mucho tiempo el Arca original se dividió en numerosos trozos que se repartieron entre los Hijos de Israel. Por tanto, el Arca de la Alianza ahora es el corazón de los hombres, donde la ley debe ser guardada, y cada uno es garante y depositario de su propio pacto con Hashem.

Asimismo, la Tierra Prometida no es un lugar físico, sino un estado del alma desde donde el ser humano deja de ser un esclavo de sus instintos para alcanzar la libertad en Dios. ¡Eso es el éxodo!».

Debo reconocer que en aquel momento y en aquel lugar, emborrachado por la doctrina hebrea más profunda, mis ojos se perdieron entre el Cantar de los Cantares y los Salmos de Salomón, que recé balanceándome adelante y atrás como un junco movido por la corriente del Amor Divino. Justo encima de mí se encontraba el lugar donde, cientos de años atrás, se guardó el Arca, pero ahora, envenenado por las flechas de aquella revelación, me preguntaba: ¿cuál de las dos era más importante: la caja de madera y oro que contuvo las Tablas de Moisés o el Arca Mística a la que se refería este maestro hebreo?

Al otro lado del Muro, debajo de la Puerta de los Magrebíes, se encuentran las escaleras que suben a Haram-esh-Sharif, el lugar donde se alzó el antiguo templo de Salomón. Antes, el Arca, dentro del Tabernáculo, había pasado por diferentes ciudades, como Silo, Betel, Bet-Semes y Quiryat Yearim, hasta que David decidió trasladarla definitivamente a Jerusalén. Bajo su reinado se unificaron las tribus y comenzaría la época más esplendorosa del pueblo judío. No obstante, una floreciente nación y un próspero rey necesitaban también una religión compleja y centralizada.

David quiso levantar una Casa para Yahvé que sustituyera al Mishkan —*la tienda móvil que transportaba las reliquias sagradas*—. Sin embargo, al tener las manos manchadas de sangre por sus continuas batallas, tuvo que desistir de su empeño para cederle el privilegio a su hijo Salomón. Mientras tanto, ocultó los objetos sagrados en su fortaleza en el Monte Sion, al suroeste de Jerusalén, muy cerca de la Piscina de Siloé.

Guiado por un ángel, David pudo ver el lugar exacto donde el Arca debía colocarse y recibió además instrucciones precisas para que el nuevo templo fuera grato a los ojos de Yahvé. Información que le transmitiría a Salomón antes de morir. Su cenotafio se venera actualmente a las afueras de la Puerta de

Sion y es uno de los lugares de poder más increíbles de la ciudad, tal vez también por tener el Cenáculo justo encima.

Sobre el monte Moriah, donde Abraham llevó a Isaac para ser sacrificado, Salomón comenzó la construcción de la Casa de Dios siguiendo fielmente las instrucciones del ángel que se le apareció a su padre. Trajo cedros del Líbano, oro de Ofir y toda clase de materiales nobles. Así, al cabo de siete años, el colosal edificio estuvo acabado.

Rodeando la explanada, una columnata delimitaba el patio interior, donde se ubicaba la capilla del templo, flanqueada por dos enormes pilares —Jakim y Boaz—. Dentro, tras el vestíbulo —Ulam— estaban las dos habitaciones con la Menorah, la Mesa y el Altar. En la última cámara, como en los templos egipcios —véase Abu Simbel— se encontraba el Arca, separada del Helaj por una simple cortina.

Cuentan que, cuando Salomón puso el Arca en su sitio, una nube bajó del cielo y la Gloria de Yahvé inundó el edificio, como en los tiempos de Moisés. Al ver este prodigio, el rey se echó al suelo y suplicó a Dios que habitase en su templo. Al cabo de veintitrés días, Dios se le apareció en sueños diciéndole: *«He oído tu oración y mis ojos, mis oídos y mi corazón estarán siempre en este sitio».* 2º Libro de Crónicas.

De esa forma, el Dios de la Montaña que descendió a Moisés en el Sinaí, y que cambió su morada para habitar en el Arca, años más tarde volvería a mudarse al templo, siendo el Arca el asiento de su Trono, donde su Presencia se manifestaba.

Superadas las medidas de seguridad israelíes, la visión de la Cúpula de la Roca, de la mezquita Al-Aqsa y de los jardines de la Explanada es sencillamente impresionante. Caminando por aquí puedes sentir el peso de la historia sobre tus hombros. En la parte izquierda del recinto, justo encima del Muro, decenas de judíos ortodoxos cantan sus oraciones teniendo buen cuidado de no salirse del lugar delimitado, no porque teman la ira de los musulmanes, sino porque, según su tradición, si pisaran el suelo donde se ubicó el Dvir, cometerían sacrilegio.

Bajo la bóveda dorada del Domo de la Roca se encuentra la piedra donde Caín y Abel hicieron sus ofrendas, Génesis 4, 3-4.

Donde Noé construyó el primer altar tras el diluvio, Génesis 8, 20. Donde Abraham se dispuso a sacrificar a Isaac, Génesis 22, 1-2. Pero también donde Jacob soñó con cientos de ángeles que subían y bajaban por una escalera colocada aquí. En este enclave, años más tarde, David ordenaría a su hijo Salomón poner el Arca de la Alianza, y desde aquí el profeta Muhammad subiría al Séptimo Cielo.

El edificio, custodiado por fuertes alguaciles, solo es accesible para los que saben recitar el Testimonio de Fe Islámico y algunas suras de su libro sagrado. Una vez dentro, puede que la roca sea tan solo eso, una roca. O puede que, por haber vivido y haberse relacionado con los momentos más trascendentes de las tres religiones, esa roca sea capaz de cantar el Corán, recitar la Torah o contarnos la historia de Jesús, si es que estamos atentos y dispuestos a escuchar y a creer lo que una piedra tenga que decirnos.

En el interior del Domo se encuentra la enigmática gruta llamada Pozo de Almas, el lugar donde se supone que se escondía el Arca para preservarla de los conquistadores a lo largo de los años, hoy convertida en una pequeña mezquita dentro de la Cúpula, donde se puede sentir con intensidad el poder de Yahvé, o Allah, en el corazón de los hombres y mujeres que se atreven a entrar y rezar allí.

Curiosamente, no se conocerá la existencia de este lugar hasta 1173, cuando el historiador Ali de Herat lo mencionará en sus crónicas, justo después de que los templarios abandonaran la Explanada como si ya hubiesen encontrado lo que buscaban.

En el año 70 d. C., cuando Tito destruyó la ciudad, saqueó los tesoros del templo y se llevó la Mesa y la Menorah que, según algunos historiadores, cayó al Tíber, perdiéndose para siempre. Sin embargo, como puede verse en el Arco de Tito que conmemora dicha conquista, no hay en él ni rastro del Arca.

Con la reforma de la ciudad llevada a cabo por el emperador Adriano y la revuelta de Bar Kojba, los judíos serían dispersados por los confines del Imperio, condenados además a no regresar jamás a su tierra. Jerusalén, desde entonces, pasaría a llamarse Aelia Capitolina.

Hacia el año 1118, Hugo de Payns, fundador de la orden de los Pobres Caballeros de Cristo, más conocida como los templarios, tras haber estudiado las Escrituras hebreas y visitado Tierra Santa en más de una ocasión, decidiría abandonar a su familia y tomar los hábitos para regresar a Jerusalén y recluirse en una de las dependencias del palacio del rey Balduino I, la mezquita Al-Aqsa —*que anteriormente había pertenecido a las caballerizas del templo de Salomón*— así como en el Domo de la Roca. Al cabo de algunos meses, Hugo de Payns reuniría a ocho caballeros más para fundar la *Militia Templi* y, con la excusa de proteger a los peregrinos que venían a visitar los Santos Lugares, pidió al nuevo rey, Balduino II, que les concediera instalarse permanentemente en las dependencias ubicadas dentro de lo que fue el templo. No obstante, los caballeros no salieron de allí en nueve años, e incluso impedían el acceso a quienes pretendían pasar por los alrededores.

Según Fulquerio de Chartres, historiador de la época y cronista de la Primera Cruzada: «No se tiene constancia de que cumplieran el cometido de custodiar ni los caminos ni otros lugares que no fueran la Cúpula de la Roca y la mezquita Al-Aqsa, a la sazón, edificios religiosos musulmanes».

Pero lo que sí se sabe es que, al cabo de ese tiempo, seis de los caballeros regresaron a Francia quizás con algo que habían encontrado excavando en el subsuelo de la Explanada… en el Pozo de Almas.

San Bernardo de Clairvaux, protector de Hugo de Payns y pariente de André de Montbard, otro de los caballeros exiliados, los recibiría con gran pompa. Al año siguiente, en 1128, en el Concilio de Troyes, se reconocieron a los templarios oficialmente como orden religiosa y a Hugo de Payns como gran maestre.

La fama de la milicia se extendió por toda la cristiandad y centenares de jóvenes acudieron seducidos por el encanto de portar sobre sus hombros la preciada cruz paté. Poco a poco los Pobres Caballeros de Cristo fueron haciéndose cada vez más ricos. En 1139, el papa Inocencio II los liberó de tener que prestar lealtad o someterse a otra autoridad que no fuera la del propio papa. Curiosamente, a partir de esa fecha, comenzarán a construirse en Francia numerosas iglesias, catedrales y encomiendas en un estilo nuevo llamado gótico, algunas de las más importantes alrededor del condado de Champaña, cuyo señor había sido mecenas de Hugo de Payns y ahora formaba parte de las filas del Temple.

Muchas de sus abadías eran edificaciones poligonales erigidas sobre alguna piedra o gruta, a semejanza del Domo de la Roca de Jerusalén, en lugar de redondas como el Santo Sepulcro, o cruciformes como las catedrales románicas. Además, la vinculación entre la figura de María de Nazareth, que encarnaba el Arca de la nueva Alianza, la cual contuvo la ley de Dios, ya no en Tablas, sino en su hijo Jesucristo, y la Orden del Temple, llamará poderosamente la atención.

La antigua Regla de la cofradía, escrita por san Bernardo, aseguraba que ella —¿el Arca?— estaba al principio y además era el fundamento de la orden, por la cual se reconstruyó el Templo Celestial, lo que justifica que la mayoría de iglesias góticas tengan advocaciones marianas.

Por otra parte, aunque la vinculación entre las vírgenes negras y la Orden del Temple es de sobra conocida, lo que quizás no sea tan popular es que la madera de acacia, con la cual se hizo el Arca, es también de color oscuro, casi negro. Tal vez un guiño para indicarnos que los templarios encontraron el Arca debajo del Domo de la Roca.

El poder de los caballeros siguió aumentando y en el año 1163 el Papa volvió a concederles otra gracia, la de no tener que pagar tributos por los botines de guerra. Sin embargo, en 1307, la orden cayó en desgracia. El enorme poder que había acumulado desató los celos del rey Felipe IV, que, conjurado con el papa Clemente V, tras el Concilio de Vienne, ordenó arrestar a Jacques de Molay, gran maestre de la orden, junto a los demás caballeros, acusándolos de simonía, herejía, luciferismo y adoración a un extraño ídolo llamado Baphomet.

El Baphomet, un busto barbado que usualmente se ha venido asociando a la cabeza de Juan el Bautista o a la Verónica, pudo ser también algún ídolo que los primeros caballeros encontraron al excavar en la explanada del templo y que representaría alguna de las numerosas deidades que los israelitas adoraron —desde Jeroboam hasta los hijos de Manasés— en lugar de Yahvé.

Belén, que hoy se traduce como «la Casa del Pan», originalmente tuvo un nombre cananeo, Beth-Lahamu —«la Casa de Lahamu»—, un semidiós de origen babilónico con barba y pelo largo, tradicionalmente guardián de las Puertas de Enki, increíblemente parecido al Baphomet.

> «Manasés tenía doce años cuando ascendió al trono y reinó en Jerusalén cincuenta y cinco años en los cuales hizo lo que ofende al Señor, pues practicaba las repugnantes ceremonias de las naciones que el Señor había expulsado... Reconstruyó los altares paganos que su padre Ezequías había destruido; además, erigió otros altares en honor a Baal e hizo una imagen de la diosa Aserá, como lo había hecho Acab, rey de Israel. Se postró ante todos los astros del cielo y los adoró. Construyó altares en el templo del Señor, donde el Señor había dicho: "Jerusalén será el lugar donde Yo habite". En ambos atrios del Templo construyó altares en honor de los astros del cielo. Sacrificó en el fuego a su propio hijo, practicó la magia y la hechicería, y consultó a nigromantes y a espiritistas. Hizo continuamente lo que ofende al Señor, provocando así su ira. Tomó la imagen de la diosa Aserá, que él había hecho, y la puso en el Templo, lugar del cual el Señor había dicho a David y a su hijo Salomón: "En este Templo, en Jerusalén, la ciudad que he escogido de entre todas las tribus de Israel, he decidido habitar para siempre"». 2º Reyes 21.

Aunque la mayoría de los gentileshombres consiguieron huir a España e Inglaterra, Jacques de Molay, el 18 de marzo de 1314, fue quemado vivo en una pira frente a la catedral de Notre Dame, en París.

Cuando el último gran maestre del Temple exhaló su postrero aliento, una losa cerró para siempre los secretos que se ocultaban en algún lugar dentro de la abadía de Saint Denis, construida a instancias de san Bernardo cuando los primeros caballeros volvieron a Francia, en el monasterio de Claraval, o quizás dentro de la catedral de Chartres.

Estatuilla de Lahamu. Museo Británico de Londres.

Aunque, como ya hemos dicho, con el regreso de los templarios a Europa aparecieron puntuales referencias al Arca en algunos monumentos góticos, también es cierto que el símbolo que más se repetirá será la copa que contuvo la sangre de Cristo, el Santo Grial.

Wolfram von Eschembach, en su obra *Parzival*, aseguraba que los templarios eran los custodios del Grial. Pero, ¿qué tiene que ver la copa que Jesús utilizó en la Última Cena con el Arca de la Alianza?

Muchos eruditos han vinculado las dos reliquias asegurando que, bajo la sombra del Grial, realmente se escondía el Arca de la Alianza. Y no es una suposición descabellada, dado que las primeras referencias que tenemos al Grial datan del siglo XII, justo cuando el poder de los templarios empezaba a florecer.

Aunque hayamos encontrado referencias medievales al Arca en pilares góticos, lo que no hemos encontrado, excepto en Chartres, son datos, evidencias o resquicios del verdadero tesoro que el Arca contenía: las Tablas de la Ley talladas por Moisés y escritas por el mismísimo Dedo de Dios. Esas Tablas son el objeto físico que prueba que el pacto que Yahvé hizo con su pueblo fue real. Un punto de inflexión en la historia de la humanidad.

Innegablemente Hugo de Payns encontró algo en las galerías subterráneas del templo de Salomón, pero no podemos asegurar que fuera el Arca del Pacto… Cuando los sacerdotes creían que la ciudad estaba en peligro, sacaban el Arca a escondidas para trasladarla «a su sitio» utilizando los pasadizos secretos debajo del Monte, como afirma el Talmud, algunos de ellos todavía pueden explorarse si entramos en la Cueva de Sedecías, también conocida como las Canteras de Salomón, una serie de enrevesados túneles en los cuales es fácil perderse y desaparecer, situados muy cerca de la Puerta de Herodes.

Pero tal vez el Arca original llevara ya siglos fuera de Jerusalén. No obstante, si los templarios realmente encontraron su escondite secreto debajo de la Explanada de las Mezquitas, también se habrían apoderado de los manuscritos sapienciales que eran la quintaesencia del judaísmo original, heredados del saber de Egipto por la cadena de oro que siguieron los descendientes de Moisés, y que posiblemente fueron escondidos con el Arca para salvaguardarlos de las manos del infame invasor; una información basada sobre todo en claves numéricas con las que traer el cielo a la tierra.

Salomón tuvo un largo reinado que podemos ubicar entre los años 965 a. C. y 928 a. C., dado que el primer faraón de la vigésimo segunda dinastía egipcia, Sisaq I, saqueó Jerusalén cinco años después de su muerte, aproximadamente en el 924 a. C.

Con la subida al trono de Roboam, el reino se dividió en dos, quedando las tribus de Judá y Benjamín al sur, lo que se llamó Judea; mientras que las diez tribus restantes formaron el reino de Israel, al que después se le anexionaría Benjamín y que sería gobernado por Jeroboam, un títere del monarca egipcio.

Salomón fue un rey extraño, sumido en el misterio. Si bien al comienzo de su reinado parece totalmente entregado a la tarea que le había encomendado su padre —construir el templo y mantener unidas a las tribus—, a medida que vaya pasando el tiempo se irá alejando cada vez más de las leyes de Dios, cohabitando con mujeres que rezaban a otros dioses, lo que acabó por secuestrarle el corazón.

> «Salomón hizo lo malo a los ojos de Yahvé, y no siguió plenamente con Yahvé como David su padre. Edificó un altar a Kemós, monstruo abominable de Moab, sobre el monte que está frente a Jerusalén, y a Milkom, monstruo abominable de los amonitas. Lo mismo hizo con todas sus mujeres extranjeras que quemaban incienso y sacrificaban a sus dioses. Entonces se enojó Yahvé contra Salomón porque había desviado su corazón de Yahvé, Dios de Israel, que se le había aparecido dos veces y le había ordenado sobre este asunto que no fuera en pos de otros dioses, pero no guardó lo que Yahvé le había ordenado. Yahvé dijo a Salomón: "Porque has hecho esto y no has guardado mi alianza y las leyes que te ordené, voy a arrancar el reino de ti y se lo daré a un siervo tuyo. No lo haré sin embargo en vida tuya por amor de David, tu padre. Lo arrancaré de mano de tu hijo. Tampoco arrancaré todo el reino; daré una tribu a tu hijo, en atención a David, mi siervo, y a causa de Jerusalén, la ciudad que he elegido"». 1º Reyes 11, 6 y ss.

A partir de la construcción del templo —y sobre todo después del reinado de Salomón— el Arca parece perder importancia para los redactores de la Biblia, que ya apenas la mencionarán tal vez porque a partir de ese momento el templo fue la nueva Casa de Dios.

Aunque se presume que el faraón Sisaq pudo habérsela llevado a Tanis, sin embargo este punto no está del todo claro, ya que lo más probable es que los sacerdotes, al ver el peligro, la hubiesen escondido, o tal vez porque en aquella época el Arca estuviera ya lejos de Jerusalén.

> «El año quinto del rey Roboam, Sisaq, rey de Egipto, subió contra Jerusalén y se apoderó de los tesoros de la Casa de Yahvé y de los tesoros de la casa del rey; de todo se apoderó, hasta de los escudos de oro que había fabricado Salomón».
>
> 1º Reyes 14, 25

De haberse apoderado del Arca, el libro de Reyes le habría dado más importancia a este terrible agravio que al robo de unos insignificantes escudos… Pero quizás esto no sea más que una pista, otro de tantos secretos que los redactores de la Biblia cifraron en sus escritos para la posteridad. Y puede que, en realidad, a pesar de los abismos del tiempo, todavía nos sigan señalando la dirección donde debemos mirar si queremos encontrar el Arca. Y es que Salomón hizo esos escudos con el oro que le había regalado la reina de Saba —1º Reyes 10.

La Biblia sostiene que durante el reinado de Salomón llegó a Jerusalén una extraña reina que había oído hablar de su sabiduría y quiso probarlo mediante acertijos y enigmas. No obstante, Salomón le resolvió todas sus pruebas y solventó todos sus dilemas, volcándole además lo que había en su corazón, por lo que ella se quedó prendada de la Casa del Señor, de Salomón, y de todo lo que le rodeaba. Salomón también le dio todo cuanto ella quiso hasta que regresó a su hogar, la actual Etiopía, quizás llevando algo escondido y creciendo en su vientre.

Pavimento original de la Jerusalén antigua que baja hasta la Ciudad de David.

El síndrome de las religiones

«Me llamas Dios y no me buscas. Me llamas Padre y no me amas. Me llamas Pastor y no me sigues. Me llamas Señor y no me hablas. Me llamas Maestro pero ignoras mis enseñanzas… Cuando estés sufriendo, no me culpes». *Juicio a Dios* (Editorial Almuzara).

Jerusalén no es una ciudad cualquiera. Para el creyente, Jerusalén es la Casa del Señor y la Puerta de los Cielos. Desafortunadamente, muchas de las personas que peregrinan hasta aquí, acaban contagiándose con el Síndrome de las Religiones, que no es como el Síndrome de Jerusalén, donde el incauto se cree un personaje bíblico. Jerusalén, como toda ciudad santa, es capaz de elevar el alma hasta lugares que la vista no puede alcanzar, pero también es capaz de hacernos caer en los abismos más profundos de la mente, donde nuestros demonios aguardan.

La mayoría de peregrinos que vienen hasta aquí lo hacen buscando la Casa del Señor, pero olvidándose del Señor de la Casa. Por tanto, no es extraño que Jerusalén, hoy día, sea un foco de conflicto donde musulmanes luchan contra judíos, judíos contra cristianos, cristianos contra musulmanes… y al final todos contra todos.

El síndrome de las religiones ataca a todas las personas que han olvidado que Dios no es una religión, sino el Señor de las religiones; y por tanto utilizan la ciudad santa para poner barreras, crear conflictos y dar rienda suelta a sus instintos más bajos.

El síndrome de las religiones es una enfermedad mental que te lleva a creer que solamente tú y tus correligionarios sois los guardianes y portaestandartes de la Palabra de Dios, y que todos los demás están equivocados. De esa manera, sin darnos cuenta, caemos en idolatría, adorando a una religión en lugar de adorar a Dios.

En mis numerosas visitas a Tierra Santa he sido testigo, muy a mi pesar, del conflicto no solo árabe-israelí, sino también de las luchas internas entre los supuestos custodios del Santo Sepulcro, que no dudan en vociferarse unos a otros por cualquier tontería, si es que la disputa no llega a más, justo en el centro de la religión de la tolerancia y del perdón. Así, los supuestos representantes de Jesús en la tierra no hacen sino volver a enterrar a quien, hace dos mil años, resucitó por amor, un amor que ellos sin duda han olvidado.

La veneración de enclaves o de reliquias santas ha ocupado muchas veces el lugar de Dios en el corazón de los seres humanos. En tanto dejemos de ver esos lugares y esos objetos como lo que son, solo símbolos, también nosotros estaremos cayendo en el mismo pecado que los guardianes del Santo Sepulcro, que han cambiado una piedra por Dios. La búsqueda del Arca de la Alianza es la búsqueda de Dios. Una aventura y una conquista tal vez mucho más antigua que la propia humanidad.

Según la mitología egipcia, Osiris fue desmembrado por su hermano Seth y los trozos de su cuerpo repartidos por todo el mundo. Cuando su mujer, Isis, se enteró de lo que había sucedido, no dudó en emprender la búsqueda de los fragmentos de su marido para volver a reunirlos y traerlo de nuevo así a la vida. Como podremos intuir, la aventura de Isis, que representa el alma humana, es la búsqueda de un Dios que hemos perdido, pero que podemos recuperar si conseguimos reunir todas sus partes, aunque paradójicamente en esa empresa somos nosotros quienes recobremos la vida a medida que vayamos conociendo algo más de esa Mente Mágica que nos ha creado.

Jerusalén es una llave que puede abrirnos las puertas del cielo o mostrarnos el infierno; solo encontraremos en ella lo que llevemos en nuestro interior.

David trajo el Arca de Quiryat Yearim a la casa de Obededom por miedo a que destruyera Jerusalén como sucedió con el joven Uzzá. Quiryat Yearim se encontraba a escasos kilómetros de Jerusalén por el camino de Jaffa, al noroeste, donde hoy se levanta la aldea de Abu Ghosh.

Cuando David vio que Dios había bendecido la casa de Obededom, recuperó la confianza y decidió traer el Arca a Jerusalén, más concretamente a la Ciudad de David —extramuros de lo que hoy se denomina la Ciudad Vieja— muy cerca de la Piscina de Siloé, por lo que lo más probable es que el Arca bajara por Ma´ale Hashalom Street.

Aunque tanto las calles como el contorno de Jerusalén han ido cambiando con el pasar de los siglos, será fácil imaginarnos la procesión con el Arca, a David danzando frente a ella, y a los músicos y cantores junto a él, si nos dirigimos hacia la iglesia de San Pedro in Gallicantu y buscamos la calzada de piedra que todavía resiste al paso del tiempo, situada detrás de la iglesia, que baja directamente hasta donde se supone que el rey más querido por Yahvé tuvo su palacio.

Con Salomón, el Arca ocupará definitivamente su sitio dentro del *Sancta Sanctorum*, encima de la Roca Fundacional que los judíos llaman Shejiná y que se encuentra dentro de la Mezquita de Omar. Ese sería mi nuevo destino. Desde la terraza del modesto Hotel Hashimi, a escasos metros de la iglesia de la Anástasis, cada noche podía ver la silueta del Domo dorado iluminándose en la Explanada de las Mezquitas sin atreverme a entrar. Debo reconocer que lo deseaba tanto como lo temía.

Según mis tres religiones, Dios habitaba en aquel lugar y yo no sabía si estaba listo para presentarme frente a Él. La mirada del Señor calaría mi espíritu y todavía no había sacado del todo brillo a mi armadura como para presentarme delante del Rey de reyes de esta guisa.

La primera vez que visité Jerusalén, no pude pasar al Domo porque no conocía los secretos de la religión del desierto… Ahora era distinto. Al día siguiente, envalentonado, decidí ingresar al recinto del templo por la Puerta de las Tribus, justo enfrente de la Piscina de Bethesda, donde Jesús sanó a un paralítico. Allí, a escasos metros, después de un pequeño jardín de olivos, se alzaba el edificio azul y blanco con el techo cubierto de oro que tantas veces había visto y soñado en mi imaginación.

Tras hacer la ablución prescrita en una de las fuentes anexas, me quité los zapatos, «porque la tierra donde iba a entrar era lugar sagrado» —Éxodo 3, 5— y traspasé el dintel oeste. El suelo, cubierto de alfombras rojas y amarillas, contrastaba con el añil de las paredes. Justo tras una valla de madera de unos dos metros de altura que impedía el paso, se encontraba la Roca Fundacional; en cambio, un pasadizo subterráneo en la vertiente sur te invitaba a entrar en el Pozo de Almas, la gruta que descubrieron los templarios, ahora convertida en lugar de oración y meditación dentro del Domo.

Bajando apenas una decena de peldaños, accedí a una pequeña cueva que mostraba una extraña elevación del terreno en su pared norte, tallada groseramente como para depositar allí algo que bien podría haber sido una caja de madera y oro. No podía creer lo que estaba viendo. Aquel lugar no tenía otra razón de ser más que la de querer esconder algún secreto. Y aquella elevación en la roca a modo de mesa improvisada solo podía deberse a una cosa: este tuvo que ser el escondite del Arca.

De repente las palabras del Apocalipsis de Baruch —libro apócrifo del confidente del profeta Jeremías que ha ido remodelándose a lo largo de los años sin saber a ciencia exacta en qué siglo fue escrito— cobraron significado para mí.

> «Un ángel descendió hasta el Santo de los Santos y vi cómo quitaba el velo, el Arca Santa, el Asiento del Pacto, las dos Tablas, el Altar del incienso y las cuarenta y ocho piezas preciosas. Entonces gritó a la tierra: "Tierra, tierra, tierra, oye la Palabra de Dios Todopoderoso y recibe lo que te encomiendo. Guárdalo hasta el fin de los tiempos, de modo que cuando te lo pidan, puedas restaurarlo, para que los extranjeros no puedan apoderarse cuando Jerusalén sea entregada a sus manos"». *Apocalipsis de Baruc* 6, 6-8.

Intentando calmar mi corazón, me senté a la vera de aquel saliente y comencé a pasar una a una las cuentas de mi rosario, buscando refugio en los Nombres de Dios. Por fin me pareció haber encontrado algo tangible, una prueba, aunque solo fuera circunstancial, de que el Arca existió y de que posiblemente estuvo aquí.

Al cabo de un rato, el muecín llamó a la oración y decidí salir de mis cavilaciones para subir al piso superior y rezar junto al resto de orantes, que ya estaban formando una fila. Sin embargo, cuando todos se pusieron de pie, yo no pude hacerlo. No sé explicar cómo el Sentimiento de Dios inundó tanto mi alma, que tuve la sensación de que, de un momento a otro, podría desaparecer completamente. Que todos mis átomos se disolverían en el espacio y en el tiempo, y de que mi yo regresaría al Yo original, al Yo que es, al único Yo.

Con lágrimas en los ojos, tuve la sensación de estar viendo a Dios, de estar respirando a Dios, de estar sintiendo a Dios… Pero de repente un pensamiento se interpuso entre nosotros dos; un pensamiento que me impidió dar el último paso para disolverme en el amor. ¡Mi mujer me estaba esperando en el hotel!

Como Penélope para Ulises, Rafi siempre ha sido el dulce motivo por el que tenía que regresar a casa; y esta vez no iba a ser diferente. Con el alma a cuestas, tuve que desistir de mi propósito, renunciar a aquel estado y salir corriendo de allí para no acabar desapareciendo.

Solo quien ha podido vivir una experiencia semejante puede comprender las palabras de Jacob, cuando despertó de su sueño y exclamó: «¡Qué terrible es este lugar! No es otra cosa sino la Casa de Dios y la Puerta de los Cielos». Génesis 28, 17.

Siguiendo la teoría que también defendieron los caballeros del Temple, el judaísmo piensa que el Arca todavía se encuentra en alguna cueva subterránea bajo el Monte del Templo; una hipótesis demasiado peligrosa para las autoridades musulmanas, que no dejan siquiera rascar la tierra de este lugar.

Pegado al Kotel —Muro Occidental— encima del Arco de Wilson, justo debajo de la Cúpula de la Roca, puede hacerse un recorrido de 500m por la ciudad herodiana que discurre por las mismas calles que posiblemente pisara Jesús, a varios metros bajo el pavimento actual. El túnel ha sido motivo de discordia entre árabes y judíos desde que fuera abierto al público en 1996, revuelta en la que murieron al menos sesenta manifestantes palestinos y quince policías israelíes.

Tras la guerra de los Seis Días, el rabino Shlomo Gorem le propuso al general Uzi Narkis volar el Domo de la Roca y la Mezquita Al Aqsa, algo que nunca sucedería. Sin embargo, desde entonces, grupos sionistas de extrema derecha han intentado llevar a cabo su macabro plan, con el que creen que podrán comenzar la construcción de un cuarto templo —ellos dicen que el tercero— lo que derivará en la llegada del Mesías y la recuperación del Arca de la Alianza.

Para ello han hecho fundir una Menorah de oro macizo, igual que la que estaba en el Helaj, y que actualmente puede verse en las inmediaciones del Muro a la espera de que nazca una vaca roja, sin ninguna mancha —que será la precursora de todos estos hechos— con cuyas cenizas purificarán la Explanada de las Mezquitas después de haberlas destruido completamente, así como a todos los que osen interponerse a sus tristes planes.

Siguiendo el curso del túnel, nos daremos de bruces con la Hilada Maestra, tres piedras de dimensiones descomunales —de trece, doce y siete metros respectivamente— con seiscientas toneladas de peso, que, defienden algunos rabinos, posiblemente estén tapando el acceso a una sala secreta al otro lado de la pared donde tal vez esté escondida el Arca de la Alianza según el Apocalipsis de Baruch anteriormente mencionado.

Y lo cierto es que la teoría no es del todo descabellada, ya que la primera piedra correspondería al acceso al vestíbulo del templo, la segunda al Helaj, y la tercera y más importante, al *Sancta Sanctorum* y al escondite del Arca. Es por ese motivo que muchas personas vienen aquí para rezar, ya que creen que en este lugar se encuentran más cerca de la Shejiná. No obstante, y a pesar de que la tradición rabínica sigue creyendo que el Arca sigue a buen recaudo en algún lugar en las entrañas del Monte del Templo, el profeta Ezequiel pensó todo lo contrario.

El desastre de Babilonia y el dominio romano

«Entonces hizo subir contra ellos al rey de los caldeos, que mató a espada a los mejores en la Casa de su Santuario, sin perdonar a joven ni a doncella, ni a viejo ni a canoso; a todos los entregó Dios en su mano. Todos los objetos de la Casa de Dios, grandes y pequeños, los tesoros de la Casa de Yahvé y los tesoros del rey y de sus jefes, todo se lo llevó a Babilonia. Incendiaron la Casa de Dios y derribaron las murallas de Jerusalén, pegaron fuego a todos sus palacios y destruyeron todos sus objetos preciosos». 2° Crónicas 36, 17-19.

En algún momento entre la muerte de Salomón, 931 a. C., y el 639 a. C., el Arca desapareció del templo hasta que el rey Josías, que prohibió el culto a las deidades extranjeras y devolvió el reino al judaísmo, pidió a los sacerdotes que la devolvieran al *Dvir*.

«Ya no es necesario que transporten de un lugar a otro el Arca del pacto de Dios. Pónganla en el templo que el rey Salomón construyó. De ahora en adelante trabajarán en el Templo, al servicio de su Dios y de su pueblo».

2° Libro de Crónicas 35, 3.

En el 721 a. C. Sargón II conquistó Israel, deportó a las diez tribus al extranjero y trajo a ciudadanos asirios para repoblar los territorios ocupados. Será el origen del pueblo samaritano. Los samaritanos, descendientes de los extranjeros asentados en las tierras de Galilea y de los judíos que se quedaron, jamás fueron aceptados por la sociedad hebrea. El odio que se profesaban está bien descrito en las Sagradas Escrituras.

Los hijos de Israel se adaptaron a la vida en los diferentes territorios mesopotámicos sin demasiados problemas, mientras que el reino de Judea seguía casi intacto y gobernado por descendientes de David hasta el 587 a. C., cuando Nabucodonosor tomó Jerusalén tras un épico asedio. Años antes, el rey de los caldeos había saqueado los tesoros de la Casa de Yahvé, destronado al rey Joaquín y nombrado en su lugar a Sedecías, quien a la postre se volvería contra él, motivo por el cual acabará destruyendo la Ciudad Santa.

> «Joaquín, rey de Judá, se rindió al rey de Babilonia, él, su madre, sus servidores, sus jefes y eunucos; los apresó el rey de Babilonia en el año octavo de su reinado y se llevó de allí todos los tesoros de la Casa de Yahvé y los tesoros de la casa del rey. Rompió todos los objetos de oro que había hecho Salomón, rey de Israel, para el santuario de Yahvé, según la palabra de Yahvé». 2º Reyes 24, 12-13.

El soberano babilónico acabó con los descendientes de la casa de David, así como con los sacerdotes y los príncipes de los sacerdotes, perdonándoles la vida a las clases sociales más bajas, sobre todo agricultores, orfebres y ganaderos, los cuales, junto a los nobles que consiguieron sobrevivir, fueron deportados en segunda instancia también a Babilonia.

El templo, antes de ser demolido, fue saqueado y sus tesoros robados; la primera vez en el 598 a. C., cuando Nabucodonosor se llevó todos los objetos de oro que pudo encontrar, destrozando posiblemente el Arca, la Menorah y la Mesa, ya que a continuación no se tendrán más noticias de ellas. La segunda vez, en el 587 a. C., antes de despedazarlo todo, el capitán de la guardia también se llevaría los cuencos, calderos, candelabros y demás utensilios propios del culto. Jeremías 52, 19.

La más que posible destrucción del Arca por Nabucodonosor tiene además su apoyo en el libro de Crónicas y en las palabras del profeta Jeremías, quien aseguró que, cuando Dios perdonase a Israel, ya no haría falta que se construyera una nueva Arca.

Pero si nos fijamos en el libro de Ezequiel 11; 22 —sacerdote y profeta durante los años de cautiverio en Babilonia— podemos leer que «La Gloria de Yahvé» fue sacada de la Casa del Señor por unos querubines antes de la destrucción de Jerusalén, y que habrá de regresar por el Pórtico de Oriente —es decir por el Monte de los Olivos— llegado el momento de la restauración de la ciudad.

Si bien Ezequiel no menciona específicamente el Arca, la Gloria de Yahvé ha sido su fiel compañera desde que Dios descendiera sobre ella en el Sinaí.

> «Por fin alzó el atrio que rodeaba la Morada y el Altar, y colgó el tapiz a la entrada del atrio. Cuando acabó Moisés los trabajos, la Nube cubrió entonces la Tienda del Encuentro y la Gloria de Yahvé llenó la Morada». Éxodo 40, 33-34.

Si realmente «unos querubines» sacaron el Arca y se la llevaron de Jerusalén por el pórtico oriental, habrían tomado el camino de Jericó quizás hasta el Monte Nebo, lo que podremos relacionar con el libro segundo de Macabeos, donde se asegura que el profeta Jeremías puso a salvo el Cajón del Pacto ocultándolo en la tumba de Moisés.

> «Estaba escrito también en ese documento que el profeta, por instrucciones de Dios, se había hecho acompañar por la Tienda del encuentro con Dios y el Arca de la Alianza, y que se había dirigido al monte desde el cual Moisés había visto la tierra prometida por Dios. Y que, al llegar allí, Jeremías había encontrado una cueva, en la que depositó el Arca de la Alianza, la Tienda y el Altar de los inciensos, después de lo cual tapó la entrada. Algunos de los acompañantes volvieron después para poner señales en el camino, pero ya no pudieron encontrarlo. Jeremías, al saber esto, los reprendió diciéndoles: Ese lugar debe quedar desconocido hasta que Dios tenga compasión de su pueblo y vuelva a

reunirlo. Entonces el Señor hará conocer nuevamente esos objetos; y aparecerán la Gloria del Señor y la Nube, como aparecieron en tiempos de Moisés, cuando Salomón pidió al Señor que el templo fuera gloriosamente consagrado».

2 Macabeos 2, 4-8.

Por otra parte, si quienes escondieron el Arca se dirigieron hacia el Monte Nebo, necesariamente debieron tomar el camino del este. Por tanto, es presumible que el Arca tendrá que regresar también a la Ciudad Sagrada por el Monte de los Olivos. Empero el propio Jeremías advierte, con palabras de Yahvé, que el Arca no será ya vista nunca más. En cambio, Jerusalén pasará a ser el asiento de su Trono, algo del todo inapropiado si el Arca no hubiese sido destruida.

«Volved, hijos apóstatas, oráculo de Yahvé, porque yo soy vuestro Señor. Os iré recogiendo uno a uno de cada ciudad, y por parejas de cada familia, y os traeré a Sión. Os pondré pastores según mi corazón que os den pasto de conocimiento y prudencia. Y luego, cuando seáis muchos y fructifiquéis en la tierra, en aquellos días, oráculo de Yahvé, no se hablará más del Arca de la Alianza de Yahvé, no vendrá en mientes, no se acordarán ni se ocuparán de ella, ni será reconstruida jamás. En aquel tiempo llamarán a Jerusalén «Trono de Yahvé» y se incorporarán a ella todas las naciones en el nombre de Yahvé, en Jerusalén, sin seguir más la dureza de sus perversos corazones». Jeremías 3, 14-17.

Sabemos que Moisés no pudo entrar en Israel y que se tuvo que conformar con ver la Tierra Prometida desde la cumbre del Monte Nebo, donde después sería enterrado en el valle. Etheria, una monja de origen hispano del siglo IV, consignó en su libro de viajes *Itinerarium ad Loca Sancta*, su visita a este enclave, empero encima del monte, donde la tradición local sostenía que se hallaba el sepulcro de Moisés. Sin embargo, nunca se han encontrado allí restos de ninguna tumba, a pesar del excéntrico Tom Crotsed, que afirmaba haber hallado un hipogeo bajo la actual capilla franciscana, pero que no obstante Dios le había ordenado que no le revelara a nadie su ubicación exacta.

Según Deuteronomio 35, el Monte Nebo está al otro lado del Jordán, frente a Jericó, pero también advierte, como después haría el profeta Jeremías, que la tumba de Moisés no será encontrada hasta la expiación de todos los pecados del pueblo hebreo, lo que sucederá con la llegada del Mesías.

> «Allí murió Moisés, servidor de Yahvé, en el país de Moab, como había dispuesto Yahvé. Se le enterró en el valle, en el país de Moab, frente a Bet Peor. Nadie hasta hoy ha conocido su tumba». Deuteronomio 34, 5-7.

Aunque el monte conocido actualmente por ese nombre coincide con las referencias bíblicas, también forma parte de uno de tantos picos que se extienden en la cadena montañosa Abarim, que va desde Amman hasta Arabia, donde, junto a las famosas ruinas de Petra, se ubica también la tumba de Aarón en un promontorio llamado Jabal Nabi-Arum, lugar donde algunos investigadores de lo insólito me aseguraron haber visto cientos de extrañas luminarias rondando por los alrededores de la tumba.

Bab el Siq es el desfiladero que se adentra en las entrañas del enclave nabateo más conocido de toda la historia, desde donde se puede contemplar también el monte y la capilla mameluca de Aarón, cuya influencia sin duda sirvió al rey Lalibela para construir su nueva Jerusalén en Etiopía con la inestimable ayuda de los ángeles.

En el 538 a. C., Ciro, rey de los persas y de los medos, conquistó el Imperio babilónico y devolvió la libertad al pueblo judío. Además les financió la reconstrucción de un segundo templo, llamado de Zorobabel, restituyéndoles los objetos robados por Nabucodonosor —entre los que no se encontraba el Cajón del Pacto—. Un templo infinitamente más modesto que el de Salomón que no dejó satisfecho a nadie pues, cuando acabó de construirse, el Arca no apareció, según se creía, signo inequívoco de que el pueblo aún no estaba preparado para recibir al Mesías. No obstante, Dios mandará al profeta Hageo para decirle a Zorobabel que, si bien el Arca no había aparecido, ese templo vería la Gloria del Ungido.

Durante su estancia en Babilonia, los israelitas conocieron un nuevo judaísmo, cuyo punto central ya no era el templo ni los sacrificios, sino las sinagogas; pequeños lugares de culto donde se reunieron los devotos para adorar a esa entidad sin forma que por fin iba adquiriendo fuerza en sus vidas.

En el 323 a. C. empezó la helenización hebrea, percibiéndose sobre todo en algunas formas de arquitectura y costumbres sociales, lo que derivó también en un cambio en la concepción de la divinidad y en cientos de revueltas por parte de grupos de fanáticos ortodoxos. Prueba de ello podemos encontrarla en el libro de Job, más parecido a los *Diálogos* de Platón que a las antiguas epopeyas de Josué.

Hacia el 195 a. C. los reyes de Siria arrebataron Israel a los descendientes de Alejandro Magno y, algunos años más tarde, enfrentándose a las crueles reformas que quiso instaurar Antíoco IV Epífanes, comenzaría la dinastía de los reyes Macabeos.

En el año 63 a. C. Pompeyo conquistará Jerusalén, y en el 37 a. C. Herodes el Grande sería coronado rey de Israel. Aunque de origen idumeo, reinaría cuarenta años bajo mandato romano.

Herodes realizó magníficas construcciones arquitectónicas en Jerusalén: un teatro, un anfiteatro y la Torre Antonia. A pesar de las fuentes judías, que aseguran que terminó de reconstruir el templo de Zorobabel, realmente se dedicó a componer una sinfonía en piedra prescindiendo del edificio financiado por Ciro. Por tanto, el templo de Herodes, a pesar de lo que pueda pensar el judaísmo, no fue el segundo, sino el tercero.

Movido por su pronunciada megalomanía, allanó el monte Moriah desde sus cimientos y, auspiciado por los sacerdotes, reconstruyó el templo que llevaría su nombre; un magnífico edificio donde, asegura Flavio Josefo, «en el Santo de los Santos ya no había nada en absoluto».

Edificó Maqueronte, Herodión y Massada para defender su territorio de los ataques nabateos, junto a Cesarea del Mar, urbe consagrada al culto al emperador. Pero también demostró ser un asesino despiadado y un psicótico sin escrúpulos asesinando a sus hijos Alejandro, Aristóbulo y Antipatro. Así como a su mujer Marianme, a quien, una vez muerta, buscaba delirando por los pasillos de palacio. Y, aunque no se haya podido encontrar ningún vestigio de la matanza de inocentes en Belén narrada en el Evangelio de Mateo, no sería de extrañar dado su carácter esquizofrénico.

Cuenta Flavio Josefo que, una vez supo que la hora de su muerte estaba cercana, y porque sospechaba que el pueblo organizaría una gran fiesta para celebrarlo, hizo encerrar a cientos de inocentes en la cárcel y dio orden de que, cuando muriera, fueran ejecutados para evitar así el júbilo del pueblo.

Además de las cuatro escuelas mayores: fariseos, saduceos, zelotes y esenios, entre los pensadores más influyentes de la época destacó Rabbí Shamai, quien dio relevancia al pensamiento halájico cultivando la más estricta disciplina por la ley y las tradiciones mosaicas. Una de sus frases más célebres fue: «La Ley puede atravesar una montaña».

Domo de la Roca, Jerusalén. Lugar donde se ubicó el *Dvir* del templo.

Por otro lado, Rabbí Hillel era todo lo contrario al irascible Shamai. De paciencia infinita, predicaba el liberalismo y la amplitud de pensamiento, asegurando que quien usa la Torah en su propio beneficio es un hipócrita —justamente lo que se dedicaban a hacer los fariseos—. Hay una historia que ejemplifica bien el carácter de ambos doctores:

> «Cuentan que cierto griego llegó a casa de Shamai y le dijo que si era capaz de explicarle la Torah mientras él se sostenía en una sola pierna, se convertiría al judaísmo. Pero Shamai, muy disgustado, lo echó de allí a patadas. El hombre, no obstante, fue a ver a Hillel y le hizo la misma propuesta, a lo que Hillel contestó: "La Torah se resume en esto: no hagas a los demás lo que no quieres que te hagan a ti. El resto son comentarios, ve y estúdialos…"».

Lejos habían quedado los años en que los hijos de Israel hicieron guiños a Astarté, Baal, los terafim u otros dioses extranjeros. Ahora la familia era el núcleo del pueblo judío, extensible al clan, que se agrupaba por lazos de sangre o matrimonio y albergaba además a vecinos, amigos y compañeros de faena.

Los hombres eran la base de la sociedad y de la religión. Estaban obligados a entonar al menos dos veces al día la oración ritual, el Shemá —una al amanecer y otra al anochecer— cubriéndose los ojos con la mano derecha mientras recitaban: «Escucha Israel, Adonai Eloéinu, Adonai Ejad». Deuteronomio 6, 4-9. Aunque también se conoce la costumbre de realizar otra oración a medio día, sobre las tres de la tarde. Hechos 3, 1.

Solamente tenían que acudir al Templo en la fiesta de Pascua, Pentecostés y Tabernáculos, pero sobre todo debían someterse a los deberes sociales y administrativos impuestos tanto por los sacerdotes como por Roma.

En la Palestina rural había campesinos dueños de sus propias tierras, pero la mayoría eran jornaleros que viajaban de una aldea a otra buscándose el pan de cada día intentando eludir los asfixiantes impuestos. Muchos habían perdido sus tierras a causa de los enormes gravámenes con que se lucraban las clases dirigentes.

Roma exigía el *Tributum Soli* por las tierras y el *Tributum Capitis* por cada miembro de la unidad familiar mayor de doce años. A esto debemos añadir la entrega del diezmo al templo, la necesidad de guardar semillas para la siguiente cosecha, el tributo a Antipas, los inconvenientes climatológicos y el propio sustento.

No era de extrañar que la mayoría perdieran sus posesiones y acabaran convertidos en esclavos mientras los nobles ejercían de terratenientes para Roma, explotando cada vez más a un pueblo sojuzgado mediante los jefes de los recaudadores y la maquinaria de los publicanos, su mano de obra, en ocasiones siervos de estos últimos.

Siendo Jesús ya adulto, según Tácito, Judea, exhausta por los impuestos, suplicó expresamente al emperador Tiberio que le concediera un respiro.

Frente a las grandes tierras de labranza asignadas a las clases dirigentes, los pequeños huertos familiares perdieron cada vez más importancia. La diferencia entre los estratos adinerados que habitaban en ciudades como Séforis o Tiberiades no era comparable a la modesta Nazareth o Migdal, donde las casas de adobe no desentonaban con la tierra de las calles sin pavimentar. Con este panorama no era de extrañar la esperanza puesta en la llegada de un mesías que liberara al pueblo de la esclavitud. La *Pax Romana* era un yugo para los más humildes, que veían cómo se construían los grandes edificios y ciudades imperiales con el sudor de sus frentes, la sangre de sus hijos y la honra de sus hijas. No obstante, para los sacerdotes y saduceos aliados del Imperio, la llegada del Mesías no sería un buen negocio...

Los pueblos capturados no debían olvidar quién era su amo, por lo que las revueltas eran sofocadas con mano de hierro, utilizando torturas tan terribles como la crucifixión, decapitación o abrasamiento. En la infancia de Jesús, el general Varo destruyó Séforis, ciudad a pocos kilómetros de Nazareth, arrasó Galilea y asoló Jerusalén, crucificando a más de dos mil personas *—quizás este fuera el motivo real por el que la Sagrada Familia tuvo que refugiarse en Egipto.*

Cuando Herodes el Grande falleció, Roma vio con buenos ojos que Arquelao se quedara con Judea, Idumea y Samaria; y Antipas con Perea y Galilea, donde construyó Tiberiades. No obstante, Arquelao fue depuesto a los pocos años, quedando su heredad directamente en manos de Roma, que la administraría a través de prefectos como Poncio Pilatos.

Roma conoce el poder que la religión tiene entre el pueblo y, para no dejar ningún cabo suelto, sabe que debe meterse en el bolsillo a los jefes de los sacerdotes, familias como los Ben Hanín, es decir Anás, suegro de Caifás, nombrado por Quirino Sumo Sacerdote y depuesto años más tarde, aunque, mediante su influencia, consiguió que su familia ostentase el poder durante al menos treinta años más.

La familia de Anás apoyó a Roma en todos sus movimientos, fueran o no acordes a la ley de Dios. Al fin y al cabo, Yahvé solo les había dado obligaciones, pero Roma les obsequiaba con toda clase de lujos y riquezas. Cuando Pilatos robó los tesoros del templo para realizar un acueducto e introdujo estandartes romanos dentro del recinto sagrado, Caifás se mantuvo prudentemente al margen mientras cientos de personas fueron asesinadas intentando frenar tamaña profanación. Los Ben Hanín eran temidos en Jerusalén por su influencia política, poder económico y, sobre todo, protección imperial.

El judaísmo en tiempos de Jesús

«Bienaventurados los pobres de espíritu, porque de ellos es el Reino de los Cielos. Bienaventurados los mansos, porque ellos poseerán en herencia la tierra. Bienaventurados los que lloran, porque ellos serán consolados. Bienaventurados los que tienen hambre y sed de la justicia, porque ellos serán saciados. Bienaventurados los misericordiosos, porque ellos alcanzarán misericordia. Bienaventurados los limpios de corazón, porque ellos verán a Dios. Bienaventurados los que trabajan por la paz, porque ellos serán llamados hijos de Dios. Bienaventurados los perseguidos por causa de la justicia, porque de ellos es el Reino de los Cielos. Bienaventurados seréis cuando os injurien, y os persigan y digan con mentira toda clase de mal contra vosotros por mi causa. Alegraos y regocijaos, porque vuestra recompensa será grande en los cielos; pues de la misma manera persiguieron a los profetas anteriores a vosotros». Mateo 5, 3-11.

Jesús vive en *Nazara*, una muy humilde aldea situada al este del lago Genesareth, tan pequeña que ni siquiera aparece en el Talmud ni en las ciudades nombradas por Josefo, pero cuyos vestigios arqueológicos no dejan lugar a dudas sobre su ubicación.

El Nazareno ha heredado el oficio de su padre José, que era *tekton*, es decir constructor, artesano, carpintero o ebanista. Séforis, recientemente reconstruida, o incluso Tiberiades, serían el lugar ideal para encontrar trabajo, aunque sabemos que Jesús, al menos en su etapa evangélica, se movió más a gusto por Cafarnaúm, una pequeña ciudad pesquera al borde del mar de Galilea —«Jesús maldecirá esta ciudad junto con Betsaida, lugar de nacimiento de Pedro, y Corazim, ya que ninguna creyó en él a pesar de los milagros que hizo durante su estancia allí. Curiosamente, hacia el año 800, un terremoto destruyó las tres ciudades a la vez…» [Pueden encontrar más información sobre este tema en *Guía Histórica, Mística y Misteriosa de Tierra Santa,* Editorial Almuzara].

El hijo de María ha pasado su infancia entre gente sencilla, pobre, trabajadora y humilde. Ha sufrido la pérdida de su padre quizás antes de lo esperado, por lo que fue criado entre mujeres; su madre, su tía y sus hermanas… (Juan 19, 25) Ha visto el despotismo de la sociedad con ellas, las ha visto callar ante las injusticias de los hombres, llorar a escondidas, amasar el pan, criar a sus hijos, preocuparse y sufrir por ellos. Las ha visto encerrarse en una habitación oscura, a solas, y rezar allí al dios del cielo, confesarse con Él y desahogar sus penas. Ha sentido su dolor y ha padecido por su humillación.

Las ha visto perder una moneda y poner la casa patas arriba hasta encontrarla (Lucas 15, 8-9). Ha conocido al Dios de la mujer judía y se ha enamorado de Él, entregándoselo también a los hombres. Ese Dios que, como una gallina, quería reunir a sus polluelos bajo sus alas (Mateo 23, 37). El Dios que los varones querrán lapidar y acabarán crucificando.

Aunque el Dios de Abraham, el Dios de Isaac, el Dios de Jacob y el Dios de Moisés es el mismo que el de Jesús, Jesús no es Abraham, ni Isaac, ni Jacob, ni Moisés, porque la visión que Jesús tuvo de Dios era la de un Padre amoroso, no la de un legislador que mataba a quien se acercaba a sus dominios. Con Jesús, todos serán bienvenidos a la Casa del Señor, especialmente a los que antes se les había negado la entrada bajo pena de muerte. Él rompió las barreras que separaban el *Dvir* del Helaj para que todo el mundo pudiese entrar en el *Sancta Sanctorum.* Dios, cuyo nombre ya no es Yahvé, sino Abba, le dio a su hijo el nombre de Jesús —Yahshuá— que significa «Dios Sana».

> «Si de veras escuchas la voz de Yahvé, tu Dios, y haces lo que es recto a sus ojos, dando oído a sus mandatos y guardando todos sus preceptos, no traeré sobre ti ninguna de las plagas que envié sobre los egipcios; porque yo soy Yahvé, quien te sana». Éxodo 15, 26.

El Nazareno no es ajeno a las extorsiones de los soldados romanos. Los impuestos han echado a miles de personas de sus tierras y han convertido en esclavos a sus vecinos. Las buenas gentes de los alrededores del lago viven atemorizadas por las tasas y por las villanías de los poderosos.

Jesús es un hombre. Se levanta antes del alba para realizar sus abluciones rituales y orar al Dios de sus mayores. Después posiblemente desayunara aceitunas, pan con miel, algunos dátiles y quizás un poco de leche. Caminaría los escasos kilómetros que le separaban de Séforis para comenzar su jornada laboral con los primeros albores del amanecer y durante el camino vería a los pobres vagar por los campos buscando espigas, cazando pajarillos y ofreciéndose como jornaleros por alguna mísera moneda.

Cuando regresaba de nuevo al hogar, con el sol cayendo, estaba exhausto, no obstante volvería a realizar sus abluciones y dedicaría parte de su tiempo de descanso a estar a solas con su alma buscando a Dios en su alcoba. En ese trajín, Jesús comprendió qué era realmente el alivio del descanso del Sabbat y las leyes fueron cobrando sentido en su interior. Su objetivo era dar aliento y libertad al hombre, aunque algunos las utilizasen para cargarse de más cadenas.

El judaísmo de Jesús, a través de la propia experiencia de Dios, comienza a trascender las formas, otorgándole una nueva vida, un sentido que iba más allá de la letra muerta. Él siente en el alma la llamada de un Dios muy cercano. Un Padre que busca en los caminos acompañar al pobre y al vagabundo, que son sus verdaderos hijos. Cristo ha visto el Rostro de Dios en los necesitados, por eso los busca y les da consuelo. Ve la mano del Señor en su creación y no se preocupa de citar las palabras de la Torah, de los profetas o de otros maestros. En cambio, utiliza un lenguaje inspirado por su propia costumbre para que, quien le oiga, pueda sentir a ese Dios bueno que late también dentro de todos los corazones. Por esta realización, sabe llegar a las gentes con autoridad y no como los escribas, que tan solo repetían palabras que ni siquiera comprendían. Marcos 1, 21-22.

En algún momento de su madurez oiría hablar de un profeta que bautizaba cerca de Betania, al otro lado del Jordán, y decidió bajar a visitarlo. Anteriormente habría frecuentado muchas sinagogas, asistido a las enseñanzas de los maestros en Jerusalén y estudiado el Tanaj, empapándose de toda la ciencia sagrada que llegó a sus manos.

Sus hermanos eran ya mayores, estarían casados, con trabajo, y aportarían suficiente dinero al hogar como para que Jesús pudiera liberarse de los trajines del mundo. Sus hermanas estarían también casadas y la estabilidad reinaría en su familia. Si alguna vez tuvo esposa, ya no la tiene —nada impidió a Jesús tener mujer e hijos, como ordena Génesis 2, 18, a menos que una tragedia se los hubiera arrebatado.

Los Evangelios narran que, después de su bautismo, se exilió durante cuarenta días en el desierto, donde pasó hambre, sed y fue tentado por el diablo. No obstante, como ya sabemos, cuarenta es el número mágico que simboliza el cambio, por lo que suponemos que todo esto no es más que una comparación de la nueva Alianza de Jesús con la promesa que Yahvé hizo a Moisés en la cumbre del Sinaí, donde, antes de bajar con las Tablas de la Ley, también pasaría cuarenta días y cuarenta noches. Éxodo 34, 28.

Tras aquella experiencia, el alma del hombre se transformó en el alma de Cristo, y sintió que el Reino de los Cielos se había acercado. Aquel *tekton* de Nazareth había cambiado, ahora era otra persona, pero sus hermanos no lo comprendieron.

«Se enteraron sus parientes y fueron a hacerse cargo de él, pues decían: "¡Está fuera de sí!"». Marcos 3, 21.

Sus hermanos eran personas sencillas. Todo el mundo sabía que Dios vivía en el templo de Jerusalén y que había que seguir la ley de Moisés, cultivar la pureza y no mancharse con el pecado. Por eso no pueden creer que su hermano, alguien que ha comido con ellos, dormido a su lado, que les ha acompañado desde que eran pequeños, fuera un profeta, o tal vez algo más… No obstante, reconocen que, aquel a quien conocieron no era el mismo que ahora tenían enfrente. Este nuevo hombre era capaz de sanar a los enfermos, devolver la vista a los ciegos, expulsar demonios, levantar a los paralíticos y resucitar a los muertos.

«Le dijeron sus hermanos: "Sal de aquí y vete a Judea, para que también tus discípulos vean las obras que haces, pues nadie actúa en secreto cuando quiere ser conocido. Si haces estas cosas, muéstrate al mundo". Y es que ni siquiera sus hermanos creían en él». Juan 7, 3.

Posiblemente Jesús, durante toda su vida, incluso mientras vivió al lado de Juan, estuvo consagrado al *Nazireato* —voto de pureza hebreo— pero, comenzando el tiempo de su ministerio, ofrecería el cordero de dispensa para poder acercarse a los muertos, enfermos y estar con la gente. No obstante, parece que la Cena antes de su prendimiento, además de la celebración de la Pascua, fue también el momento que escogió para la renovación de esos votos.

«El Espíritu Santo vendrá sobre ti y el poder del Altísimo te cubrirá con su sombra; por eso el que ha de nacer será santo y será llamado Hijo de Dios». Lucas 1, 35.

Era común, entre los primeros seguidores de Jesús, incluido san Pablo, realizar el voto de *Nazireato* durante al menos un tiempo, cosa poco probable si él no lo hubiese hecho. (Hechos 21, 23 y Hechos 18, 18).

Igualmente, Santiago, su hermano, obispo de la Iglesia Primitiva, fue conocido por su celo en seguir las normas de la consagración.

«Santiago era llamado el Justo. La gente estaba segura de que nunca había cometido un pecado grave. Jamás comía carne, ni tomaba licores. Pasaba tanto tiempo arrodillado rezando en el templo, que al fin se le hicieron callos en las rodillas. Rezaba muchas horas adorando a Dios y pidiendo perdón al Señor por los pecados del pueblo. La gente lo llamaba: El que intercede por el pueblo. Muchísimos judíos creyeron en Jesús, movidos por las palabras y el buen ejemplo de Santiago. Por eso el Sumo Sacerdote Anás II y los jefes de los judíos, un día de gran fiesta y de mucha concurrencia le dijeron: "Te rogamos que ya que el pueblo siente por ti grande admiración, te presentes ante la multitud y les digas que Jesús no es el Mesías o Redentor". Y Santiago se presentó ante el gentío y les dijo: "Jesús es el enviado de Dios para salvación de los que quieran salvarse. Y lo veremos un día sobre las nubes, sentado a la derecha de Dios". Al oír esto, los jefes de los sacerdotes se llenaron de ira y decían: "Si este hombre sigue hablando, todos los judíos se van a hacer seguidores de Jesús". Y lo llevaron a la parte más alta del templo y desde allá lo echaron hacia el precipicio. Santiago no murió de golpe, sino que rezaba de rodillas diciendo: "Padre Dios, te ruego que los perdones porque no saben lo que hacen"». Hegesipo.

Por otra parte, Jesús hacía su propia interpretación de las leyes, las cuales adaptaba a la compasión que llevaba dentro. Cuando tocaba al impuro y al pecador, no era él quien quedaba manchado, sino el pecador quien quedaba limpio, por lo que tal vez nunca vio necesario romper sus votos… El dios de Jesús no era el de los nobles e inmaculados sacerdotes, que parecían bellos por fuera, pero por dentro estaban llenos de inmundicia. Mateo 23, 27.

«No es lo que entra en la boca lo que contamina al hombre; sino lo que sale de la boca, eso es lo que contamina al hombre». Mateo 15, 11.

Así se cumplían los vaticinios; Juan, de la casa de Leví, profeta y sacerdote como Samuel, prepararía los caminos del Mesías: Jesús, heredero de la casa de David y, por tanto, hijo de Dios.

Pero ser hijo de Dios, para el pueblo hebreo, no era como elevarse al Olimpo de los dioses griegos y romanos. David, al convertirse en rey, también se hizo hijo de Dios. Este sobrenombre era utilizado frecuentemente en la tradición semita para referirse a los reyes de Israel (Salmo 2), a los justos (Sabiduría 2, 18), al pueblo perfecto (Sabiduría 18, 13), a Adán (Lucas 3, 38) e incluso a Jesús como hijo de Dios y rey de Israel (Juan 1, 49. Romanos 1, 3). La tradición Yahvista no tenía nada que ver con la imagen romana de un dios llamado Zeus que se disfrazaba para meterse en la casa de alguna joven virgen, yacer con ella y que, de esa unión, le naciera un hijo.

Cuando Jesús hablaba con el pueblo, utilizando un solo lenguaje, sabía llegar al corazón de los más humildes, así como al de los más ilustrados, por eso algunos le llamaron también la Palabra Viva del Señor.

Él comprendía bien los problemas de aquellas gentes, pues había vivido entre ellos la mayor parte de su vida; estaba al tanto de la avaricia de los terratenientes, de los asfixiantes impuestos y de la importancia del núcleo familiar. Por eso podía hablar con el pueblo de los misterios más profundos con ejemplos que conocían muy bien, como el lugar donde el grano debe ser plantado para que dé su fruto, de la pequeña semilla de mostaza, de no coser paños nuevos en trajes viejos, etc. También les hablaba de los lirios del campo que tantas veces habría recogido, y de los pajarillos que no siembran, o de cuándo va a llover dependiendo del lugar donde sople el viento.

Para Jesús, el verdadero templo es el corazón de los hombres, y ese corazón debía estar completamente limpio para que el Señor habitara en su interior. Haciendo lo que él hacía, sus discípulos, después de la resurrección, pudieron rezar en las sinagogas junto a toda la comunidad y realizar sacrificios en el templo, siendo conocidos como *Judíos Nazarenos* y, más tarde con el nombre de *Ebionitas*. No obstante, el odio de la familia de Anás por los seguidores de Jesús iría creciendo cada vez más hasta que Anás ben Anás, en el 62 d. C., el cual había comprado el cargo de Sumo Sacerdote, en un descuido de la autoridad romana, asesinó a Santiago, hermano del Señor y obispo de la Iglesia de Jerusalén.

«Ananías era un saduceo sin alma. Convocó astutamente al Sanedrín en el momento propicio. El procurador Festo había fallecido. Su sucesor, Albino, todavía no había tomado posesión. Hizo entonces que el sanedrín juzgase a Santiago, hermano de Jesús, quien era llamado el Cristo, y a algunos otros. Los acusó de haber transgredido la ley y los entregó para que fueran apedreados». Flavio Josefo.

Jesús restauró el espíritu de los descendientes de Jacob en la figura simbólica de los doce apóstoles y ahora debía empezar a construir la casa desde los cimientos. Él era constructor y sabía muy bien cómo levantar un edificio fuerte que resistiera el paso de los años y las inclemencias del tiempo. Él es la prueba viviente de que el Reino de los Cielos se había acercado porque, poniéndose por completo al servicio de Dios, Yahvé le ha ungido, dándole poder sobre los demonios, curando enfermedades y resucitando a los muertos. ¡Ha llegado el año de Gracia del Señor donde todos pueden ser perdonados!

No obstante, la instauración del nuevo Reino de Dios debía comenzar desde los estratos más bajos. Los pobres, los enfermos y los mendigos eran proscritos, malditos y fantasmas que todo el mundo esquivaba porque los creían olvidados de la Gracia Divina y temían ser contagiados por su suerte. No obstante, una sociedad que separaba a sus hijos en castas y sub-castas, abocándolos a la miseria y a la clandestinidad, estaba muy lejos de ser el Reino de los Cielos soñado por Jesús, de ahí que le dijera a Pilatos: «Mi reino no es de aquí».

Jesús sabe que no se puede servir a dos señores porque tarde o temprano te inclinarás por uno en favor de otro. O estás con Jesús o contra él. No se puede servir a Dios y al César. No puedes sentarte a comer con los que someten al pueblo y después intentar consolar a los que sufren sus injusticias — Santiago 4, 4.

Él pensaba que el hombre debía ganarse su libertad espiritual. Actualmente nos creemos libres, pero somos presas de nuestros instintos, emociones y demás cadenas. Jesús utilizó los rituales de su religión para romper los egos y mostrarnos así cómo deshacernos de todo lastre. Si alguien se sentía muy atraído por sus riquezas, debía regalar todo lo que tuviera. Si era la gula la que lo tenía secuestrado, que ayunase. Si sentía demasiado apego por su fama y posición, que se retirase del mundo… De esa manera, sus discípulos podían presentarse libres ante Dios, porque ya no eran esclavos de nada ni de nadie. Solo tenían un dueño…

«Más fácil es pasar un camello por el ojo de una aguja, que un rico entre en el Reino de Dios». Marcos 10, 25.

La familia de Anás no cree que Jesús sea el Mesías porque no ha venido a sentarse a su mesa ni a congraciarse con ellos. En lugar de eso, llama a los publicanos, prostitutas y pecadores, y les promete las primicias del Reino de Dios. Es inconcebible para Caifás y Anás que un profeta rechace totalmente a la clase sacerdotal y busque a los marginados que nadie quiere. Los que, con su sola presencia, enturbiaban el aire de Jerusalén… Empero ellos han olvidado que Jesús hacía justicia a su nombre, *Dios Salva*.

El Padre de Jesús no quiere ser un rey déspota, sino un Amigo, un Salvador, un Aliento, una Parada en el Camino. Un Dios que, aunque viviera en el templo, se manifestaba también en cada uno de nosotros.

Hasta ese momento, los sacerdotes eran los únicos que podían estar delante del *Sancta Sanctorum*, frente a la Presencia de Dios, el lugar más privilegiado de la tierra. Sin embargo, ahora los marginados pueden comer, beber y recostarse al lado del Enviado de Dios. El Arca de la Alianza era de carne y hueso y se llamaba María, la cual contuvo en su vientre la presencia viva del Señor, guardándola por nueve meses. Al presente, sin embargo, la Shejiná se había mudado a Jesús, por tanto, ya no hacía falta buscar el Arca en otro lugar. Dios estaba en Jesús, y Jesús entre nosotros.

«"Porque tuve hambre y me disteis de comer; tuve sed y me disteis de beber; fui forastero y me recibisteis; estaba desnudo y me vestisteis; enfermo y me visitasteis; en la cárcel y vinisteis a mí"». Entonces los justos le responderán diciendo: "Señor, ¿cuándo te vimos hambriento y te dimos de comer, o sediento y te dimos de beber? ¿Cuándo te vimos como forastero y te recibimos, o desnudo y te vestimos? ¿Cuándo te vimos enfermo o en la cárcel, y vinimos a ti?". Respondiendo Jesús, les dijo: "En verdad os digo que en cuanto lo hicisteis a uno de estos hermanos míos, aun a los más pequeños, a mí lo hicisteis"». Mateo 25, 35-40.

Si Jesús se hubiera llegado a los pobres vistiendo ropas caras, con anillos de oro en sus dedos y el cabello perfumado, hablando de los puntos y comas de la ley con una impenetrable retórica ¿quién le habría escuchado? ¡Israel estaba repleta de gente así! Jesús fue a los más humildes siendo más humilde que ellos.

Sabemos que los que van con él tienen que coger espigas en sábado para echar algo de comer en sus estómagos, Mateo 12. Que no tiene dinero para pagar el tributo del templo, Mateo 17, 24. Que vaga por los caminos sin llevar zurrón ni sandalias, Lucas 10, 4. Que hasta los animalillos del desierto tienen morada, pero él no tiene siquiera un lugar donde descansar, Mateo 8, 20.

Jesús sabe que los ricos poseen palacios, dinero y comodidades, pero como los pobres no tienen nada, quiere regalarles el tesoro más valioso que guarda en su interior, a ese Dios que es todo compasión. Haciéndose el más pequeño, la historia lo recordará como el más grande.

Él no habla de Dios, sino más bien de lo que siente cuando Dios le visita, de ahí la importancia de comprender que Dios también es un sentimiento. Predica un reino donde la compasión es la clave de la sociedad, por la cual Yahvé se ha manifestado a su pueblo. Sabe que cualquier palabra que intente describirlo, no le hará justicia, pero arde en deseos de que todo el mundo pueda sentir ese amor que a él le ha seducido.

Cristo se hizo indigno según el código de pureza judío al ir con pecadores y publicanos. Después siguió siendo motivo de escándalo al ser colgado de un madero, pues la Ley Mosaica tiene como malditos a los que mueren de esta manera. Deuteronomio 21, 23. Incluso, una vez resucitado, sigue rompiendo esquemas mostrándose primeramente a una mujer, las cuales no tenían ningún peso jurídico. Marcos 16, 9.

Con la prédica de Pablo, la figura de Jesús llegará a los pueblos paganos, pero completamente despojado de su identidad como judío. Será más bien como un nuevo Apolo sentado a la derecha de Zeus. Si antes, tanto los judíos ortodoxos como los seguidores de Jesús podían compartir su sitio en las sinagogas, con la visión mistérica de Pablo, que elevaba a un hombre al rango de Dios, la diferencia será insalvable y los adeptos a la visión paulina buscarán refugio en las catacumbas y cuevas romanas para celebrar sus rituales mientras los judíos nazarenos, en Jerusalén, serán exterminados y exiliados por las tropas de Tito y, más tarde, por Adriano.

Después del Concilio de Nicea, el legado primitivo de Jesús y sus prácticas se vieron condenados al olvido en favor de un floreciente y nuevo culto romano paulino. Por tanto, no podemos decir que Roma se convirtió al cristianismo, sino más bien que el cristianismo se fusionó con los cultos de Roma, transformándose en una religión mistérica muy semejante a los ritos paganos que se realizaban en Dodona, Eleusis y Delfos. Con todo, el simbolismo de la incipiente religión mistérica de la Iglesia Romana de Antioquía, y de su portaestandarte, Pablo, serán del todo reveladores.

Si anteriormente el dios de los hebreos demandaba sacrificios de sangre y holocaustos para redimir a su pueblo, el dios cristiano es todo lo contrario. Jesús, nueva encarnación de la divinidad, se ha hecho holocausto y sacrificio a sí mismo para salvar a la humanidad. Contrariamente a la Antigua Alianza, ahora es Dios quien moría por nosotros. Dios era la víctima del pensamiento cuadriculado del pasado, del antiguo culto yahvista, donde ni siquiera su nombre podía ser pronunciado sin incurrir en su ira. Un dios que expulsaba de su casa y de su pueblo a los enfermos y pecadores, los cuales debían vagar por la tierra hasta redimir sus pecados e incluso los crímenes de sus padres. Sin embargo, utilizando a Jesús como símbolo de Dios hecho hombre, el cristianismo dará la vuelta a esa concepción de la divinidad. Un nuevo enfoque que revolucionará para siempre la visión que, a partir de ese momento, se tendrá de Dios.

Hacia el 325 d. C. el emperador Constantino perseguirá a los arrianos, coptos, gnósticos, ebionitas, nazarenos y demás movimientos cristianos no afines a esta imagen de la deidad, los cuales se verían obligados a destruir sus textos sagrados, o a enterrarlos en cuevas como en Nag Hammadi.

El nuevo canon debía responder a las necesidades del momento y a las creencias mediterráneas más profundas. Pero, si Jesús era elevado a la categoría de Dios, habría que hacer algo también con su supuesta humanidad…

Sabemos que Eusebio de Cesárea, de los textos sagrados, modificó aquello que no le interesaba. Rufino de Aquilea tampoco ocultó que retocó los documentos de Orígenes cuando estos no le parecieron lo suficientemente ortodoxos. Y de san Jerónimo se sabe que hizo otro tanto con lo que no consideraba inspirado por Dios. Si pudiésemos viajar a la Palestina del siglo I y tropezáramos con Jesús, quizás encontraríamos que lo que él predicaba tiene poco que ver con lo que hoy nos ha llegado, aunque lo que hoy nos haya llegado, como símbolo, tenga una abisal profundidad.

Por el movimiento apostólico de Pablo, Jesús ya no es un profeta, ni el Mesías, ni siquiera un hombre, ahora es alguien mitad divino mitad humano que encarna el poder y la fuerza del Logos Eterno y que ha salvado a la humanidad a través de su sangre. Tal vez la idealización más mística del Mesías judío que podremos encontrar incluso entre los cabalistas posteriores.

Curiosamente el simbolismo romano volvió a ganar la batalla al judaísmo de Jesús, pues ningún hijo del pueblo hebreo estuvo dispuesto a escuchar las fábulas de un mesías cuyo cuerpo era devorado en un rito llamado Eucaristía, y su sangre bebida en un acto sin precedentes dentro de la tradición abrahámica. De esa forma, para congraciarse con sus nuevos mecenas, los cristianos romanos tuvieron que suavizar la figura de Poncio Pilatos, a quien se vieron obligados a representar casi como una marioneta en manos de los sacerdotes, aunque, en realidad, tan culpables fueron unos como otros.

Al siglo IV se atribuye el apócrifo titulado «Hechos de Pilatos» donde el prefecto manifiesta una enorme admiración por el recientemente condenado «rey de los judíos» en un informe que debería de haber sido enviado al emperador Tiberio. No obstante, el destinatario fue Claudio, prueba más que grotesca de su falsedad.

Del lado de aquella trama se idealizó toda una nueva religión, recapitulando parte de la mayoría de ritos y tradiciones egipcias, romanas y mediterráneas en general, anexionándolas a lo que sería la nueva y floreciente religión del nuevo Imperio de Constantino.

La religión constantina fue el símbolo de la victoria de un emperador obsesionado con el poder y de unos sacerdotes no carentes de la misma neurosis. Marción solo permitía los sacramentos a las parejas que se abstenían de practicar sexo, a las viudas y a las vírgenes. San Ambrosio imponía un matrimonio casto y contemplativo. Julio Casiano sostenía que Jesús había venido al mundo como ejemplo de que el acto sexual era una aberración de las bestias. Taciano aseguraba que el cristiano se debía alejar de las relaciones sexuales, las cuales eran actos promovidos por el demonio. Orígenes se castró a sí mismo…

Pablo suscitó un nuevo movimiento sincrético cuyo punto de referencia era la muerte y resurrección de Jesús. De alguna manera, el mensajero ocupó el lugar del mensaje. Si por el pecado de Adán el hombre fue condenado a la muerte, por la muerte y tortura de Jesús éramos redimidos y resucitados con él. Ya no hacía falta la ley, ni el templo, ni el Arca, solo creer en Jesús.

La nueva religión romana iría anexionando viejos ritos a su catecismo, pero sin tener en cuenta el legado hebreo y sin permitir además el acceso del pueblo a los textos sagrados para evitar cismas y discusiones en contra de su hegemonía. Como los más destacados nobles romanos poseían altares con un gran número de divinidades, hubo una mutua impregnación que se olvidó de la prohibición hebrea de hacer imágenes de Dios y de adorar a los santos, vírgenes, ángeles, etc.

Ya que el culto a la diosa, abolido por el judaísmo original —a la cual Josías echó del templo de Jerusalén— también era muy fuerte en la Roma pagana, surgió en el seno del catolicismo la veneración a la madre de Jesús, que ahora también se convertía por arte de magia en madre de Dios y reina de los Cielos.

Las viejas estatuillas de Isis sosteniendo a Horus, las vírgenes ctónicas y el culto a la Madre primordial que abrazaba a su hijo Tages se convirtieron en María y Jesús. Dios Padre era Zeus. Apolo era Jesús. Nike el Espíritu Santo. E Isis, María.

Representación del Arca de 1878.

El paraíso encontrado

«Dijo Dios a Jesús: "Pondré tu gloria en tu humillación. Tu riqueza en tu pobreza. Tu victoria en tu derrota. Y mi Divinidad en tu humanidad"». *99 Cuentos y Enseñanzas Sufíes.*

Con la decapitación del Bautista los hechos se precipitan y la responsabilidad de restaurar el pueblo y la Casa de Dios caerá exclusivamente sobre los hombros del Galileo, por tanto el Mesías, a quien años más tarde los Evangelios revestirán de tres aspectos; el primero como rey, descendiente de David, por tanto hijo de Dios, el cual tendrá la obligación de volver a unir las tribus llamando a las ovejas perdidas de la casa de Israel.

El segundo como sacerdote, no por la sangre de Aarón, que ha resultado ser corrupta, sino por la orden de Melquisedec —el extraño rey de Salem a quien incluso Abraham rindió pleitesía, pero de quien no sabemos nada en absoluto.

Y, por último, como mártir, tal como predijo el profeta Isaías años atrás.

«Creció como un retoño delante de Dios, como raíz en la tierra árida. No tenía apariencia ni presencia, ni tenía aspecto que pudiésemos estimar. Despreciable y desecho de hombres, varón de dolores y sabedor de dolencias, como uno ante quien se oculta el rostro, despreciable, y no le tuvimos en cuenta. ¡Y con todo eran nuestras dolencias las que él llevaba y nuestros dolores los que soportaba! Nosotros le tuvimos por azotado, herido de Dios y humillado. Él ha sido herido por nuestras rebeldías, molido por nuestras culpas. Él soportó el castigo que nos trae la paz, y con sus cardenales hemos sido curados. Todos nosotros como ovejas erramos, cada uno marchó por su camino, y Yahvé descargó sobre él la culpa de todos nosotros. Fue oprimido y se humilló, y no abrió la boca. Como un cordero al degüello fue llevado, y como oveja que ante los que la trasquilan está muda, tampoco él abrió la boca. Tras arresto y juicio fue arrebatado, y de sus contemporáneos, ¿quién se preocupa? Fue arrancado de la tierra de los vivos. Por las rebeldías de su pueblo ha sido herido; y se puso su sepultura entre los malvados y con los ricos su tumba, por más que no hizo atropello ni hubo engaño en su boca». Isaías 53.

El anhelo de restaurar Israel que soñó Juan el Bautista no tenía nada que ver con lavar en el río los pecados cometidos por sus correligionarios, sino con un nuevo comienzo. Por eso se dedicó, como antes hiciera Elías, a llamar a la gente para ofrecerles la esperanza de un mañana mejor, un futuro que debía empezar con el trabajo de cada uno.

Para reescribir la historia, Juan convocaba a la muchedumbre y la hacía pasar de un lado al otro del Jordán, emulando así el éxodo egipcio que los condujo de la esclavitud a la libertad en Dios, del olvido al recuerdo, de la ignorancia a la sabiduría.

Además, aseguran algunos estudiosos, Juan eligió el paso de Betania porque se encontraba muy cerca del enclave donde Josué, junto a los primeros colonos, pasó por primera vez a la Tierra Prometida, no muy lejos de la Tumba de Moisés. No obstante, el bautismo de Juan poco tuvo que ver con el ritual cristiano que, años más tarde, ajeno al judaísmo, propiciaron los fundadores de las iglesias romanas.

En el seno de la tradición Mosaica era común el baño ritual de purificación, que consistía en sumergirse en una especie de piscinas subterráneas con siete peldaños —llamadas *Mikveh*— llenas de agua corriente, la cual debía acumularse de forma natural, donde además el devoto tendría que sumergirse completamente. Este baño purificador también podía realizarse en lagos, ríos y arroyos, como el Jordán y el Mar de Galilea —vestigios arqueológicos de estos baños, datados del siglo I, han sido encontrados en la Iglesia de San José, en Nazareth, y también en el Campo de los Pastores de Belén, dando verosimilitud histórica a la localización de dichos enclaves que anteriormente se tuvieron como meramente tradicionales.

El bautismo de Juan, y después el de Jesús, nada tendrían que ver con un supuesto pecado original que habría ido pasando de padres a hijos generación tras generación desde Adán, sino más con el deseo de comenzar una nueva vida, por la cual, quien salía de la pileta, dejaba en ella su anterior suciedad e ignominia.

Juan congregaba a multitudes ofreciéndoles auxilio espiritual en esta antigua celebración hebrea que, sin embargo, no necesitaba oficiante, y que además podía hacerse diariamente. Cuando Jesús sale de las aguas del Jordán, tomará conciencia de quién era en una experiencia personal que los Evangelios describen como el descenso de una paloma sobre su cabeza, y por una voz que le dijo: «Tú eres mi Hijo Bienamado, en ti me complazco».

A partir de aquel momento Jesús supo cuál era su misión, reuniendo a doce apóstoles como los nuevos patriarcas de la recién nacida alianza. Instituyó además un nuevo Sanedrín de setenta y dos sacerdotes, a razón de cada uno de los Nombres de Dios, a los cuales envió a predicar la Buena Nueva. El Paraíso perdido por fin se había reencontrado. El Arca estaba preparada para retornar a su lugar.

Con el mismo afán de reescribir la historia de su pueblo, pero sin negar el testamento de los antiguos profetas, el Galileo intentará hacerse cumplidor de todas las profecías que anunciaban la llegada del Mesías, incluso la de ser un Príncipe de la Paz, lo que no fue entendido por un pueblo sojuzgado por el yugo romano.

La fe inquebrantable que tuvo Cristo en que Yahvé tomaría partido por ellos contra Roma —como hizo en Egipto ante el faraón— lo acompañó hasta su último aliento. La persona de Jesús encarnaba el rey que Israel había soñado tanto tiempo, al jurista que había engendrado la nueva ley del amor, y al sacerdote que era capaz de bajar a Dios de las alturas, adonde lo habían subido sus clérigos, para meterlo en el corazón de los hombres y mujeres de buena voluntad.

La no cooperación de la sociedad hebrea con Roma supondría la caída del poder de su maquinaria en Israel, tanto de los recaudadores como de los Sumos Sacerdotes, devolviendo al César lo que era del César y a Dios lo que era de Dios. Con todo, si quería que el mensaje tuviera la trascendencia que él pretendía, tendría que ir a Jerusalén, el centro del mundo, donde también sería juzgado más severamente.

Predicar en las aldeas era fácil. La guardia de los sacerdotes no llegaba tan lejos, y los compinches de Roma no solían preocuparse por los rabinos que deambulaban fuera de los límites de la capital. Sin embargo, entrar en Jerusalén sería como declarar abiertamente la guerra a quienes ostentaban el poder, lo que hoy podría compararse a acusar a la Iglesia católica de alguna villanía justo en el centro de la Plaza de San Pedro en el Vaticano.

Los sacerdotes no podían consentir que alguien así dejase al descubierto sus pecados y Roma pondría también algo de su parte para evitar todo el escándalo.

Jesús encontró en Jerusalén un público más selecto y a la vez más corrupto que en las aldeas. No fue suficiente con mostrarles el Rostro de Dios, además esa imagen debía corresponderse a lo que ellos esperaban que fuera. Si no, el mensaje sería ignorado y el mensajero, ajusticiado.

En esta etapa de su vida encontramos a un Jesús que, ante la dura cerviz del pueblo hebreo, poco a poco se irá abriendo más a la idea de expandir su proyecto a todas las naciones, lo que, no obstante, será bastante afín a la visión que Pablo predicará años más tarde, por lo que no podemos asegurar que no sea esta una adición posterior, ni que los Evangelios estén totalmente influenciados por la cosmovisión paulina. Pero lo que más llamará la atención será que esta apertura imprevista hará que un profeta de Israel trascienda las fronteras de su propia tierra, de su tiempo, y llegue a millones de corazones en cientos de países a lo largo de la historia. Lejos quedó ya su desencuentro con la mujer sirofenicia, Marcos 7, 24-30. Ahora, en cambio, maldice a la higuera, símbolo del judaísmo, y llamará a los extranjeros a comer de su mesa en el día de su boda.

Sabemos que la mística hebrea asegura que el alma es como la novia y que Dios es el novio. Sin embargo, para el rey de Israel, la Tierra Prometida era la novia y el rey es el esposo, el cual debe prometerle fidelidad eterna para que la vid nunca deje de dar buen vino, una historia bastante afín al posterior mito artúrico y a la sanación del Rey Pescador por la ingesta de la bebida contenida en el Santo Grial.

Jesús hizo surgir un vino nuevo cuando la tierra estaba seca. Empero ese vino será valorado únicamente por sumilleres ajenos a la corrupción romana y a la influencia del Sanedrín.

Por el pensamiento paulino, el carpintero de Nazareth pasó de ser el Mesías a un nuevo Adán, yendo incluso más allá del proyecto del Bautista de reescribir las Escrituras, llegando incluso al principio de los principios…

Si por el pecado de Adán toda la humanidad fue condenada, por el sacrificio de Jesús todos somos redimidos.

Jesús es el cordero que Dios le ofreció a Abraham para que sacrificara en lugar de su hijo Isaac justamente en el monte Moriah, en el centro de Jerusalén, y ahora, siglos más tarde, Dios volvía a entregar otro cordero como dispensa para los hijos de Isaac exactamente en el mismo lugar que hiciera siglos atrás —recordemos que la fortaleza Antonia, donde comienza el Vía Crucis, en el Monasterio de la Flagelación, pertenece también a la colina del monte del templo.

La sangre del cordero expiará el pecado de los hijos de Dios en el nuevo día del Yom Kippur, aunque sorprenda el giro brusco de la concepción del Dios del Amor que predicaba Jesús a este otro que necesita la sangre de un inocente para redimir a los culpables.

Si, como creemos, Juan y Jesús creyeron necesario un nuevo comienzo de la interpretación de las Escrituras a la altura de Moisés, el movimiento cristiano posterior irá todavía más allá, hasta mismísimo inicio del Génesis.

Para confirmar que Jesús ha cumplido su propósito, los Evangelios se afanarán constantemente en compararlo con los antiguos grandes hombres de su nación y con sus obras.

El día de Shavuot, el pueblo hebreo solía pasarse toda la noche velando y estudiando la Torah para reparar el agravio que los antiguos israelitas hicieron a Moisés cuando les pidió, antes de bajar del Sinaí, que rezasen, pero sin embargo se echaron a dormir; lo que también le sucederá a Jesús en el Getsemaní, cuando pidió a Pedro, Santiago y Juan que velasen antes de su prendimiento, pero el sueño les venció... Mateo 26:38.

Incluso en la hora de su muerte, los evangelistas harán un guiño literario, que durante siglos ha sido tomado por suceso histórico, insinuando que Jesús desconfió de Dios justo antes de expirar, sin entender que en las supuestas palabras del Galileo estaba el anuncio de su vida y pesares seiscientos años antes, descritos en el Salmo 22, que empieza diciendo: «Dios mío, Dios mío ¿por qué me has abandonado?»

Según la creencia judía actual, cuando se reconstruya el tercer templo, aparecerá el Mesías, purificará la Explanada de las Mezquitas con las cenizas de una vaca roja y expulsará de allí a los musulmanes, destruyendo la Cúpula de la Roca y la mezquita Al Aqsa. Pero lo que el judaísmo pretende ignorar es que esto ya sucedió hace dos mil años. Jesús, el Mesías, llegó a Jerusalén al finalizar la construcción del tercer templo, el de Herodes, que ocupó el lugar del segundo templo de Zorobabel y del primero de Salomón.

Echó a los cambistas y explicó lo más granado de la Torah en el mismo suelo que hoy podemos pisar si caminamos por Haram esh Sharif.

Elías, a quien todavía esperan para que allane los caminos del Señor, ya vino en la persona de Juan el Bautista, por eso los escribas y sacerdotes de la época, cuando Jesús les preguntó si el bautismo de Juan era del cielo o de la tierra, no quisieron responderle, porque aquello habría supuesto tener que aceptar a Juan como el profeta a quien estaban esperando y, por tanto, a Jesús como Mesías.

Y, por último, Jesús entró por la Puerta Dorada a lomos de un pollino, por la cual debía regresar la Gloria de Yahvé a Jerusalén... Pero, como decimos, eso ya pasó.

«Quien tenga oídos que oiga». Mateo 11, 15.

La Pasión

«Y dijo al pueblo: "Estad preparados para el tercer día"». Éxodo 19, 15.

Esperando lo peor, el galileo se retiró a orar cerca de una fábrica de aceite situada en el Monte de los Olivos, donde hoy se ubica la iglesia de Todas la Naciones. Su pecado fue predicar un dios demasiado cercano para que aquellas mentes obtusas, cargadas de vanidad, lo pudieran comprender. Como hombre, imaginamos que cayó en un profundo abatimiento. Ya no había vuelta atrás.

Aunque su mente estaba superando el amargo trago, su cuerpo le pasó factura, siendo presa de lo que hoy se conoce con el nombre de hematidrosis, o sudar sangre, Lucas 22, 44. Posteriormente es arrestado por los esbirros de los sacerdotes y conducido al palacete de Anás.

> «Los que le guardaban se burlaban de Él y le maltrataban. Y vendándole, le preguntaban diciendo; profetízanos ¿quién es el que te hirió? y otras muchas injurias proferían contra él». Lucas 22, 63-65.

Despuntando el sol, Caifás, tras haberse rasgado las vestiduras, le acusó de blasfemo. Jesús pasó esa noche en vela, recibiendo golpe tras golpe hasta el amanecer. Después fue conducido ante Pilatos, quien, burlándose de él, se encargó de propinarle otra severa paliza.

«Tomó entonces Pilato a Jesús y mandó azotarle. Y los soldados, tejiendo una corona de espinas, se la pusieron en la cabeza, le vistieron con un manto púrpura y, acercándose a él, le decían: "¡Salve, rey de los judíos!". Y le daban bofetadas». Juan 19, 1-4. Marcos 15, 19.

Los látigos romanos —*flagrum*— tenían varias correas rematadas por dos bolitas de metal unidas entre sí por un pequeño travesaño. [Como curiosidad añadir que huellas de las heridas producidas por estos artilugios fueron encontradas también en la espalda del hombre que muestra la Sábana Santa de Turín].

Según la ley judía, el castigo de la flagelación estipulaba un total de cuarenta azotes menos uno, pero el Nazareno había pasado a manos romanas, cuyo sadismo no conocía límites.

Según algunos historiadores, la flagelación romana podría haber rondado los trescientos latigazos —hasta dejarlo irreconocible— de ahí que, nada más salir de la fortaleza Antonia, tengan que cargar su cruz a otra persona que regresaba de trabajar en el campo, Simón de Cirene.

Poncio Pilatos hizo que Jesús recibiera el «ajusticiamiento» más bárbaro de toda la historia, dejándolo inconsciente en más de una ocasión.

Posiblemente muy pocos conocían la conspiración de la familia de Anás, exceptuando sus acólitos. No podemos saber si alguna vez Jerusalén se amontonó en torno al Lithostrotos para gritarle a Pilatos: «¡Crucifica a Jesús!». Además, sería impensable si tenemos en cuenta que, tan solo algunos días antes, la muchedumbre le había aclamado en su entrada triunfal por la Puerta Dorada. Mateo 21.

Cuando Jesús salió cargado con la cruz, las personas que lo vieron se horrorizaron y se echaron las manos a la cabeza. Después caminó escoltado hasta el Gólgota. Lucas 23; 27.

Una vez la cruz se alzaba, el peso del cuerpo era soportado por los clavos y, para poder respirar, el reo debía erguir su cuerpo en el madero, liberando los pulmones de la tensión, haciendo fuerza en los hierros que traspasaban sus huesos, por lo que los terribles espasmos de las heridas al inhalar y exhalar le harían caer de nuevo bruscamente, produciéndole más dolor y más desgarramientos.

Los soldados romanos eran expertos en el arte de la guerra y hacían apuestas para descubrir nuevos métodos para incrementar el sufrimiento de sus víctimas —parece ser que eso les daba renombre entre sus compañeros— por lo que no es de extrañar que, pasadas dos o tres horas, Jesús expirase su último aliento, víctima de todas estas villanías.

La tortura en la cruz es una lenta agonía donde no se tocan órganos vitales y el reo suele morir asfixiado, devorado por los perros salvajes, o desangrado por las invenciones sádicas de los legionarios.

Lejos de las imágenes de cruces altas que se elevan hasta tres metros, los maderos medirían poco más que un hombre de estatura media para que el ajusticiado pudiera ser subido y bajado sin esfuerzo y sin hacer rocambolescos equilibrios.

Además, en contra de las piadosas pinturas del Medioevo, ninguno de sus familiares habría podido acercársele, por lo que las mujeres, las únicas que tuvieron el valor de ir tras él, tuvieron que contemplar la terrible escena desde lejos —Mateo 27, 55. Marcos 15, 40 y Lucas 23, 49.

Tumba del Jardín.

Después de expirar, José de Arimatea reclamará el cuerpo de Jesús y lo llevará a una tumba en un huerto de su propiedad, donde recibirá sepultura a toda prisa, envolviéndolo en una sábana de lino nueva y vertiendo sobre él áloe y mirra cedidos por Nicodemo.

El Evangelio de Marcos, que es el más antiguo, originalmente terminaba con el relato de la tumba vacía y con un ángel anunciando a las mujeres la resurrección de Jesús. (Códice Vaticano y Sinaítico 16, 8). No obstante, años más tarde, alguien pensó que este final era poco satisfactorio y añadió más información, posiblemente para callar las numerosas críticas que suscitaban un final tan abierto.

Si Jesús hubiera muerto en la cruz, todo habría acabado. Sus seguidores habrían perdido el tiempo yendo tras otro de tantos locos iluminados que campaban, y todavía lo hacen, por Jerusalén. Sin embargo, algo realmente significativo tuvo que pasar…

«Pasado el sábado, María Magdalena, María la de Santiago y Salomé compraron aromas para ir a embalsamarle. Y muy de madrugada, el primer día de la semana, a la salida del sol, van al sepulcro. Se decían unas a otras: "¿Quién nos retirará la piedra de la puerta del sepulcro?". Y levantando los ojos ven que la piedra estaba ya retirada; y eso que era muy grande. Y entrando en el sepulcro vieron a un joven sentado en el lado derecho, vestido con una túnica blanca, y se asustaron. Pero él les dice: "No os asustéis. Buscáis a Jesús de Nazaret, el Crucificado; ha resucitado, no está aquí. Ved el lugar donde le pusieron. Pero id a decir a sus discípulos y a Pedro que irá delante de vosotros a Galilea; allí le veréis, como os dijo". Ellas salieron huyendo del sepulcro, pues un gran temblor y espanto se había apoderado de ellas, y no dijeron nada a nadie porque tenían miedo…"». Marcos 16, 1-8.

Alguien voló sobre el nido del Arca

«La gloria es patrimonio de los sabios y los locos
heredarán la ignominia». Job 30, 8.

En las cercanías de la Tumba del Jardín, frente a la Puerta de
Damasco de la ciudad vieja de Jerusalén, a finales del siglo
pasado, Ronald Wyatt aseguró haber descubierto la Caverna de
Jeremías. Cuentan que Ron Wyatt, mientras caminaba por las
inmediaciones del Monte de la Calavera, sin saber muy bien por
qué, levantó el dedo y apuntó hacia un determinado lugar, asegurando que allí se encontraba la Cueva del Profeta y el Arca
de la Alianza. Ni cortas ni perezosas, las autoridades hebreas,
sin mayor prueba que la palabra de este supuesto visionario,
no tardaron en proporcionarle los permisos, el alojamiento y
hasta el material necesario para llevar a cabo una exhaustiva
excavación. Tras un par de años dedicado a esta empresa, el
supuesto explorador dijo haber encontrado una red de túneles
subterráneos debajo del Gólgota y que, arrastrándose por uno
de ellos, consiguió llegar a una cámara donde halló la Mesa de
los Panes, el Altar del Incienso, el Candelabro de Siete brazos y,
en el fondo, el Arca de la Alianza.

También notó que sobre el Arca se fue acumulando una sustancia negra que habría estado goteando desde el techo tiempo
atrás. Siguiendo el rastro de aquella sustancia, lo condujo exactamente al agujero donde se habría apoyado la cruz de Jesús,
por tanto dedujo que, de alguna forma, el Arca de la Alianza
se colocó justo debajo para que recibiera la sangre del Mesías.

Sobreexcitado, Wyatt tomó un par de fotos del hallazgo —fotos que desafortunadamente resultaron ser demasiado borrosas— dio media vuelta, salió como pudo de la gruta y puso sobre aviso a las autoridades locales. Pronto, el Departamento de Antigüedades de Jerusalén tomó cartas en el asunto, aconsejando a Wyatt no decir nada al respecto para no despertar suspicacias entre la población más ortodoxa.

Según la organización que defiende los hallazgos de Wyatt, también habría encontrado dentro de aquella cámara varios objetos utilizados para el culto hebreo, datados entre los siglos IV a VI a. C., que se corresponderían con la ocupación babilónica, entre ellos una granada de marfil que actualmente se exhibe en el Museo de Jerusalén —aunque yo no he podido encontrarla— y que habría pertenecido al ajuar del primer templo.

Exámenes posteriores de esa sangre demostrarían, siempre según Wyatt, que solamente tenía 24 cromosomas en lugar de 46. 22 cromosomas autosoma, un cromosoma X y otro Y, prueba evidente de que la persona a la que perteneció debió tener una madre humana y un Padre Divino.

Como era de esperar, cuando el Estado de Israel fue consciente de las majaderías de este iluminado, le prohibieron seguir excavando. Posteriormente, el Concilio de la Asociación de la Tumba del Jardín hizo un comunicado advirtiendo que, si bien es cierto que Wyatt estuvo realizando excavaciones en varias ocasiones en el área de la tumba, a buen seguro nunca encontró absolutamente nada.

Como dato curioso, el Estado de Israel tiene fundadas sospechas de que gran parte de los tesoros del templo de Salomón están, o estuvieron, en poder de la Iglesia católica; entre ellos el Arca de la Alianza, por lo que el presidente israelí Moses Katzav, en 2003, pidió formalmente al Vaticano que le fueran devueltos… Algo que todavía no ha sucedido.

Pero, si descabelladas fueron las elucubraciones del difunto Ron Wyatt, las del juez Edward Wheeler Bird no le vinieron a la zaga. Y es que en 1899, algunos distinguidos miembros de la Asociación Anglo Israel creyeron haber descubierto una clara conexión entre la genealogía de los reyes de Irlanda y las tribus perdidas de la casa de Israel, las cuales habrían traído el Arca del Pacto hasta la Colina de Tara —nótese la semejanza entre la palabra *Tara* y *Torah*— por lo que no dudaron en excavar en aquella zona del Condado de Meath. Empero las esperanzas de estos supuestos historiadores se dieron de bruces con los amantes de las tradiciones locales, que no les permitieron seguir con su trabajo. Y es que la Colina de Tara, durante siglos, fue el centro político y religioso de la isla. En ella se han encontrado monumentos pre-célticos y neolíticos, sin pasar por alto que allí se encuentra la piedra donde se coronaron todos los reyes de Irlanda desde el siglo VI hasta el XII, Lia Fáil.

En el centro de la elevación también podemos encontrar la Fortaleza de los Reyes, Ráith na Rig, salpicada de leyendas y misterios, así como las tumbas de los monarcas que se encuentran enterrados en las inmediaciones y que pertenecen a períodos anteriores a la llegada de san Patricio.

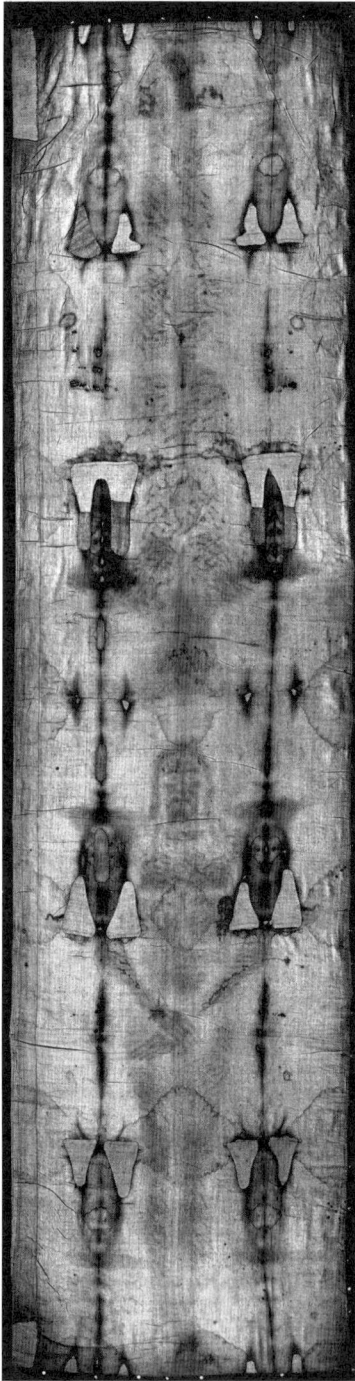

¿Baphomet o Sábana Santa?

«Habiendo ofrecido durante su vida mortal oraciones y súplicas
con poderosos clamores y lágrimas a quien era poderoso y
podía salvarlo de la muerte, fue escuchado por su reverencial
temor. Y aunque era Hijo, aprendió por sus padecimientos la
obediencia, y por ser consumado, pasó a ser para todos los
que le obedecen causa de salud eterna, declarado por Dios
Pontífice de la orden de Melquisedec». Hebreos 5, 7-9.

Como mencionamos en capítulos anteriores, los caballeros de
la Orden del Temple rindieron culto en secreto a una extraña
cabeza barbada que conocieron con el nombre de Baphomet.
Aunque muchos han intentado averiguar qué se escondía tras
ese nombre, que más bien parece un acrónimo, su significado
ha escapado de las manos de los historiadores.

Diversas teorías apuntan al descubrimiento de algún ídolo
pagano bajo la Explanada de las Mezquitas en Jerusalén, otras
aseguran que el busto no era más que el símbolo de la búsqueda
de la sabiduría, pero otras afirman que en realidad se trataba
de una reproducción del Mandylion, un lienzo encontrado en
Edessa que originaría la piadosa tradición de la Verónica.

Síndone es una palabra griega cuyo significado es «trozo de
tela». En Turín se conserva, desde el año 1578, una sábana de
lino que mide 4.37 metros de largo por 1.11 metros de alto,
conocida por este nombre.

Anteriormente había descansado en Chambèry, antigua
capital del ducado de Saboya. Más tarde, de 1694 a 1993, estuvo
custodiada en la magnífica capilla que construyó Guarino

Guarini en la catedral turinesa, a la vuelta del Palacio Real. Finalmente, en 1983, el rey Humberto II la cedió a la Santa Sede.

En el tejido, amarilleado por el paso del tiempo, se puede ver la imagen frontal y dorsal de un hombre fallecido después de haber sido torturado y crucificado tal como narran los Evangelios.

En el 1898, la noche del 28 de mayo, Secondo Pia, abogado y aficionado a la fotografía, realizaría la primera reproducción del polémico lienzo. Al parecer, la idea de fotografiarlo nació de un sacerdote salesiano llamado Noguier de Malijay, profesor de Física en el Liceo de Valsálice y devoto del mencionado objeto, quien elevó su propuesta directamente al rey Humberto I aprovechando la ostensión de la Síndone que se realizaría para celebrar la boda del futuro rey Víctor Manuel III.

Superando las suspicacias de la corte, gracias a la intercesión del barón de Manno, el rey escogió a Secondo Pia como el mejor candidato para llevar a cabo dicha misión.

Después de un intento fallido, Pia volvió a probar suerte no sin antes pasar por una serie de calamidades expuestas en su libro *Memoria sulla riproduzione della Santissima Sindone*. Finalmente realizaría dos exposiciones del lienzo delante de su cámara fotográfica para ver si la imagen quedaba grabada en las placas. Pero su sorpresa fue mayúscula cuando, al revelar los negativos, salieron a la luz detalles de la Síndone que no podían apreciarse a simple vista. Parecía que el lienzo había captado la imagen de Jesús momentos antes de su resurrección, mientras estaba dentro del sepulcro, y de alguna manera la tela adquirió las propiedades de una placa fotográfica que, al revelarse, mostraba con sorprendentes detalles las heridas de la pasión de alguien que fue crucificado, flagelado, coronado con un casco de espinas y muerto en un madero tras sufrir terribles padecimientos.

La primera constancia que tenemos de la Sábana Santa es a raíz de las posibles cartas que cruzó Jesús de Nazareth con el *rey* Abgaro de Edessa, antigua ciudad siria que hoy se llama Sanliurfa y se localiza en Turquía.

Edessa era una floreciente ciudad antes del nacimiento de Jesús. En el siglo VIII a. C. fue conquistada por los asirios y se llamó Ruhu. Tiempo después caería en manos de los seléucidas, descendientes de Alejandro Magno, y pasó a llamarse Edessa. En el año 137 a. C. se fundó aquí el reino edesénico llevando sus reyes usualmente el nombre de Abgar. Así, el rey Abgaro, en realidad sería Abgar V Ukkama, el Negro, que gobernó del 9 al 46 d. C.

Según Eusebio de Cesarea, este rey habría establecido alguna clase de relación amistosa con Jesús de Nazareth a través de una serie de cartas que fueron rescatadas de los archivos de Edessa, aunque los estudiosos no reconocen su legitimidad.

«Abgar Ukkama ofrece a Jesús, el buen doctor salido de la tierra de Jerusalén, su saludo. He oído que curas sin utilizar ningún tipo de medicamentos. Según dicen, haces ver a los ciegos y caminar a los impedidos, limpias a los leprosos y expulsas malos espíritus y demonios, sanas enfermedades incurables y das la vida a los muertos. Como he oído eso de ti, pienso que, o eres Dios que has bajado del cielo, o eres el Hijo de Dios. Por eso te escribo y te suplico que vengas a mí y me cures del mal que sufro. También he oído que los judíos te persiguen y están contra ti para dañarte. Yo poseo una ciudad pequeña, pero sencilla, en la cual estaremos cómodos los dos».

Jesús, supuestamente, le respondió de esta forma:

«Bienaventurado seas tú que has creído en mí sin haberme visto. Pues está escrito que aquellos que me han visto no creerán, en cambio, los que no me han visto, creerán, vivirán y serán bienaventurados. En lo que se refiere a tu petición de ir junto a ti, es preciso que yo cumpla aquí todas las cosas para las cuales he sido enviado, y después de haberlas cumplido, volver a Aquel que me envió. Si yo soy apresado aquí, te enviaré a uno de mis discípulos para que te alivie de tu mal y te transmita vida a ti y a los tuyos».

Cuando Adai, uno de los setenta y dos escogidos por Jesús para predicar el Evangelio, llegó a Edessa con la Síndone y le contó al rey lo que Pilatos y el Sanedrín habían hecho, Abgaro se echó a llorar desconsoladamente. Después, abrazando la Sábana con devoción, quedó inmediatamente libre de su enfermedad. Poco después ordenó a uno de sus sirvientes que pintara un retrato similar al lienzo, solicitando además con grandes súplicas poder guardar la reliquia para protegerla incluso con su vida.

No se tiene verdadera constancia del paño hasta el año 525 d. C. donde, cuenta la tradición, fue encontrado en un hueco de las murallas de Edessa, lugar en el que quizás fue ocultado tras la apostasía del nieto de Abgar V, el cual devolvió el reino al paganismo.

La reliquia sería doblada entonces en cuatro partes de tal manera que solo podía verse el rostro de un hombre barbado. A partir de este hecho, la Sábana Santa sería conocida con el nombre de Mandylion, lo que posteriormente dio pie a la popular leyenda extra-bíblica de la Verónica. Mujer que, en la Vía Dolorosa, tras una de las caídas de Jesús, secó el sudor de su cara, quedando el rostro del Nazareno impreso en el pañuelo. Verónica, en latín, significa «Verdadero Icono», nombre con el que se relacionará a la Síndone a partir de entonces.

Otra versión asegura que la Sábana permaneció en Jerusalén hasta el año 438, donde, por orden de la emperatriz Eudoxia, fue a parar junto con otras reliquias a Bizancio. Pero esta tradición quizás se refiera al Sudario de Oviedo. No obstante, recordemos que el rey Abgaro hizo una reproducción de la misma.

Cabe señalar que a partir del siglo V se producirá un curioso cambio en las representaciones de Jesús en toda Europa, el cual pasó de ser un joven apolo barbilampiño, como se puede observar en la imagen de una patena encontrada en el yacimiento arqueológico de Cástulo, Linares, a tener pelo largo y barba.

En el año 944 la Sábana Santa fue trasladada a Constantinopla, actual Estambul, donde se conservó en la iglesia de Santa María de Blanquerna, o Santa María de Constantinopla, según el historiador Nicolás Mesarites, hasta que, aproximadamente en el año 1200, se le perdió de nuevo la pista.

El caballero Robert Clary, de la IV Cruzada, mencionó el lienzo en su diario empleando la palabra *Síndones*, en plural. Por tanto, junto a la Sábana Santa, quizás se encontrara también el Sudario de Oviedo. Esta, para algunos desconocida reliquia, es venerada en la catedral de dicha ciudad y mide apenas unos 83 cm de largo por 52 cm de ancho. No obstante, lo más seguro es que el Sudario de Oviedo tuviera su propio recorrido y que el caballero Robert de Clary se refiriera a la imagen frontal y dorsal de la Sábana Santa, ya que en el siglo VI podemos situar el Sudario en Jerusalén, aunque después el obispo Pelayo lo sacara de allí.

Se conoce que desde Palestina fue trasladado, pasando por el norte de África, hasta Cartagena. Después, en el siglo VIII, se llevaría a Toledo, donde cien años más tarde partió hacia el norte de España para salvarlo de la conquista musulmana de tal forma que en el año 1075 aparece en el inventario de la catedral ovetense.

> «Llegó Simón Pedro después de él y entró en el monumento y vio la sábana allí colocada y el sudario que había estado sobre su cabeza, no puesto con la sábana, sino envuelto aparte». Juan 20, 6-7.

Pruebas recientes —publicadas por el Centro Español de Sindonología— indican que el Sudario de Oviedo tiene un 99´9% de semejanza en las huellas de sangre que presentan las heridas que aparentemente tiene el hombre de la Sábana Santa de Turín, por lo que podemos suponer que este debió ser el sudario que envolvió el rostro del Nazareno.

Realmente es un mero problema comparativo. Entre el lienzo de Turín y el Sudario de Oviedo hay más de cincuenta huellas de sangre coincidentes, además de que en ambos se hayan encontrado restos de aloe y mirra. Dos sustancias utilizadas habitualmente en entierros hebreos del siglo I.

Según algunas afirmaciones, el caballero Otto De La Roche pudo haber trasladado la Sábana Santa a Francia entre el 1248 y 1262, donde caería en manos del rey Balduino II de Courtenay, pasando posteriormente a ser propiedad de Godofredo I de Charny, para acabar en manos de la casa de Saboya alrededor del 1453, donde cuarenta y nueve años más tarde se la sitúa en una capilla en Chambery, antigua capital de su ducado. En 1578 el príncipe Filiberto la trasladó a Turín, y a partir del año 1694 será custodiada en la espléndida catedral de San Juan Bautista.

Todavía se pueden distinguir los daños que el fuego de Chambery dejó en su cuerpo, aunque la reciente restauración los haya disimulado un poco.

El primero que pudo analizar el lienzo utilizando técnicas modernas fue el director del laboratorio científico de la Policía suiza y profesor en la Universidad de Zúrich, además de experto palinólogo, el doctor Max Frei. Frei, con una cinta adhesiva, extrajo el polvo adherido en las esquinas inferiores de la tela, el cual, bajo la luz del microscopio, mostró no menos de seis tipos de pólenes pertenecientes a varios tipos de plantas palestinas, turcas y mediterráneas de la época de Jesús.

Posteriormente, científicos norteamericanos e italianos, entre ellos el doctor Eric Jumper, de la Academia de las Fuerzas Aéreas de Colorado Springs, formaron lo que se llamaría STURP (*Shroud of Turín Research Project*) sometiendo la tela también a minuciosas investigaciones como la del VP-8, un analizador de imágenes que se utilizó con las fotografías recibidas de Marte, el cual reveló que la imagen del lienzo era tridimensional.

A finales del siglo XX, algunos escépticos realizaron también diferentes experimentos para conseguir una imagen parecida a la de la Sábana Santa, pero los resultados, aunque similares, no se acercaban ni de lejos a la perfección que muestra la imagen de la Síndone.

Empero en el año 1988, el análisis del Carbono 14 les dio una alegría a sus detractores, datándola entre el 1260 y 1390 d. C. a pesar de que una ilustración de la Síndone aparezca en el Códice Bray, que se custodia en la biblioteca nacional de Budapest, redactado entre los años 1190 y 1215, que se realizó bajo el auspicio del rey Bela III de Hungría, educado en Constantinopla, por lo que habría estado muy familiarizado con la reliquia.

Otra historia ubica un pañolón semejante en la basílica de San Pedro de Roma durante el papado de Juan VII, hacia el año 700, quien le consagraría una capilla, lo que confirma que la leyenda de la Verónica fue incluso anterior a esa fecha. En el año 1011 se sabe de un guardián del sudario y, algo más tarde, alrededor del 1199, aparece nombrado dos veces en los manuscritos de Geraldo de Barri y Gervasio de Tilbury.

Una cita muy especial

«Al instante cayeron de sus ojos como unas escamas y recobró la vista; se levantó y fue bautizado». Hechos 9, 18.

Desde pequeño soñaba con poder ver la Sábana Santa. Bueno, realmente lo que quería era tocarla, acariciarla, besarla y sentirla. Pensar que aquel trozo de tela pudo ser el lienzo que envolvió el cuerpo de mi querido Jesús, me hacía estremecer. Más allá de las pruebas del carbono 14, haciendo oídos sordos a las críticas de los escépticos, como por algún extraño hechizo, mi fe en ella, lejos de menguar, fue creciendo cada vez más. ¡Estaba seguro de que aquel sudario era auténtico! Las huellas de los clavos en las muñecas, las heridas de los *flagrum* en la espalda del Nazareno, el rostro mismo de la imagen, con la cara hinchada por los golpes y los vestigios del casco de espinas, no dejaban lugar a dudas.

Con veinte años yo no sabía mucho de la vida. Tan solo era un crío que perseguía sus sueños. Mi situación familiar era difícil. Nunca me ha dado vergüenza admitir que éramos pobres, y que, gracias al duro trabajo de mi madre, que se echó la casa a cuestas, pudimos salir adelante. Y no fue hasta que Dios nos echó una mano, sino las dos, que nuestra situación económica pudo mejorar. Entonces supe que era mi momento. Con el alma a cuestas, cierto día de octubre del año 2000, llegué al puerto de la Spezia, desde donde saqué un billete de tren hacia Turín. ¡El Reino de Dios se había acercado!

En aquellos tiempos internet no era lo que es hoy, por lo que tuve que coger mis referencias de un antiguo y extraño lugar llamado «biblioteca», donde había desperdigados cientos de objetos curiosos, cargados de misticismo, llamados «libros». Pero ninguno de ellos me advirtió de que la Síndone solo se exponía tres o cuatro veces cada cien años, y además solo durante algunos pocos días, por tanto, habría sido un milagro que justamente cuando el destino quiso llevarme a Turín, la Sábana Santa hubiese estado expuesta... ¡Pero así fue!

Como ya supondrán, yo no conocía nada de esto mientras sorteaba el Palacio Real y buscaba, a mano derecha, la basílica de San Giovanni Batista. Ni tampoco sabía que había que pedir cita para poder entrar a la catedral, ni que la entrada oficial estaba bastante lejos del acceso a la iglesia. Solamente, con el corazón en un puño, me acerqué a uno de los vigilantes que custodiaban la puerta principal, le miré, y sin pronunciar una sola palabra, el hombre me cogió del hombro y me introdujo dentro del recinto. ¡Cómo iba a saber yo que al final de la nave, sobre el Altar Mayor, podría ver por fin el rostro del hijo de Dios!

Cuando tomé conciencia de lo que había sucedido tuve que detenerme para sentir el instante. ¡Solo unos metros más allá me esperaba la Sábana Santa!

Acompasando mi respiración, caminé lentamente, dejando paso a los peregrinos que desfilaban con prisa por mi lado. Cuando llegué al final de la nave, me arrodille. Expectante, levanté la cabeza y me atreví a mirar el lienzo con detenimiento, buscando en su interior la figura de Jesús. Sin embargo, por más vueltas que le daba, no conseguía distinguirlo. Las chamuscaduras del antiguo incendio eran evidentes, los restos de sangre también, pero el cuerpo del Hijo del Hombre no aparecía por ninguna parte.

Yo me sabía de memoria la reliquia y era consciente de que su imagen, en el original, no era tan clara como en los negativos, ¡pero es que no podía distinguir nada en absoluto!

Desesperado, bajé la cabeza y mis lágrimas cayeron al suelo. Allí, arrodillado delante de mi maestro, lloré porque me di cuenta de que no era digno de verlo... No obstante, aunque lleno de pena, no quise rendirme y le supliqué a Dios que me abriera los ojos. Así, desde alguna parte de mi corazón, una palabra subió a mis labios y, mientras alzaba de nuevo la cabeza, dije en voz alta: «¡Creo!». Y solo entonces pude ver.

Aquellos mismos lugares que anteriormente me parecieron vacíos, ahora me revelaban sus secretos. Allí, bajo el Altar Mayor de la basílica de Turín, fui protagonista de un milagro. ¿Cómo puedo explicar lo que mi corazón sintió cuando alcé la cabeza y pude verle? Realmente no fueron mis ojos los que vieron, sino mi corazón. Dos mil años después, Jesús volvía a realizar el milagro de devolverle la vista a un ciego.

Muchos estudiosos, durante años, se han afanado en saber si el lienzo es legítimo o no utilizando diferentes métodos científicos. Sin embargo, una pobre y humilde ancianita que, con el corazón recogido, se sienta en cualquiera de los bancos de la catedral y derrama su alma a Dios, podrá ver tan claramente a Jesús que no le hará falta nada más para saber que en realidad este es el trozo de tela que envolvió verdaderamente al hijo de Dios; porque solo si pones a Dios en tu mirada, podrás verlo en todas partes.

Siguiendo las huellas del Temple

«No hay nada oculto que no haya de ser manifiesto, ni secreto
que no haya de ser conocido y salga a la luz». Lucas 8, 17.

Si los caballeros templarios encontraron algo en el Pozo de
Almas, seguramente lo pusieron a salvo fuera de Jerusalén
dadas las constantes escaramuzas entre musulmanes y cristianos que continuamente hicieron peligrar el Reino de los Cielos.

Sabemos que tras nueve años de encierro, Hugo de Payns
y otros tantos caballeros se presentaron en Roma con cartas
de recomendación del patriarca de Jerusalén para el recientemente nombrado papa Honorio II. Antes, una misiva enviada
a Bernardo de Clairvaux decía sencillamente: «El tiempo se ha
cumplido».

Bernardo fue uno de los padres fundadores de la orden de
los monjes cistercienses, además de un gran pensador de su
época, cuyo poder a menudo llegaba a influir en las decisio-
nes de los reyes de Europa e incluso en el destino del propio
papado. Conocida de sobra fue su enconada oposición contra
del antipapa Anacleto II —apoyado por la familia Pierleoni—
en favor de su rival Inocencio II.

Con la muerte de Honorio II se crearía un nuevo cisma en el
seno de la Iglesia católica, semejante en todo al ya vivido anteriormente cuando otro antipapa, Celestino II, apoyado igualmente por la familia Pierleoni, fue ilegítimamente nombrado a
la vez que Honorio II, lo que movilizó a dos facciones enfrenta-
das dentro de la curia que tuvieron también sus apoyos entre la

nobleza europea. No obstante, Celestino II, tras un solo día de papado, decidió renunciar al solideo blanco en favor de su rival. Empero, con Anacleto, la cosa no sería tan sencilla.

Durante más de siete años, Bernardo abandonó su clausura y se dedicó a recorrer Europa, entrevistándose con nobles y reyes, buscando apoyos para su papa favorito. Debido a los fuertes mecenas de Anacleto II, Inocencio se vio forzado a dejar Roma para trasladarse a Francia hasta que Bernardo consiguió su propósito y por fin el nuevo papa pudo regresar a la capital del Tíber para gobernar la Iglesia legitimado por el fuerte carisma de su mentor.

Tras la muerte de Inocencio II, Bernardo siguió manteniendo su influencia hasta tal punto que incluso conseguiría la anulación de la pena de excomunión anteriormente impuesta al rey Luis VII. En 1145, uno de sus grandes discípulos, Bernardo Paganelli, sería investido con la corona de san Pedro, haciéndose llamar Eugenio III. Apoyado por el rey de Francia, el recién investido papa encargaría a su maestro el privilegio de preparar una Segunda Cruzada, cosa que Bernardo realizó a la perfección, prometiendo a los nobles y caballeros europeos la gloria de la reconquista de Tierra Santa por voluntad de Dios. Lo que no sabemos es si, aunque la orden viniese del papa, realmente no fue Bernardo su artífice en las sombras.

Dada la fama del predicador, Europa acudió en masa al llamado de la cruz para luchar contra los hijos del islam. Empero el precursor de la Orden del Císter y padre espiritual de los caballeros templarios no contaba con que Saladino podría desbaratar sus planes. Así, los nobles europeos tuvieron que regresar a casa con el rabo entre las piernas, pobres, lisiados y mirando con recelo al monje a quien antes habían considerado más que un profeta.

Con la muerte de Bernardo en 1153, los caballeros templarios irían perdiendo poco a poco su influencia política y el apoyo papal, aunque supieron mantener a salvo su poder económico, convirtiéndose en los grandes banqueros de Europa. La relación entre el conde Hugo de Champagne, Hugo de Payns y Bernardo de Clairvaux llamaría poderosamente la atención.

Antes de partir de nuevo a Tierra Santa, el conde de Champagne cedió sus posesiones en Claraval a Bernardo, el cual fundó allí su monasterio principal y la sede de la Orden del Císter. Anteriormente, auspiciado por el propio Bernardo, y por lo que había encontrado en Jerusalén durante sus anteriores viajes, como ya hemos dicho, el conde de Champagne envió a su vasallo, Hugo de Payns, con una misión secreta a la Explanada de las Mezquitas para, algunos años más tarde, en 1125, rendir vasallaje él mismo a su propio siervo antes de ingresar en la orden. Algo del todo inaudito a no ser que Hugo de Payns encontrara lo que había ido a buscar.

Con todo, lo cierto es que durante nueve años, nueve caballeros estuvieron encerrados en lo que anteriormente fue el templo de Salomón haciendo Dios sabe qué. Y lo más curioso es que, tras regresar a Europa, un concilio en su honor les estaría esperando en la tierra donde todo surgió, el condado de Champagne, más concretamente en Troyes, donde lo más granado de la curia y de la nobleza europea aguardaba para conceder honores, gloria y dispensas a unos caballeros entrados en años que no lucharon en ninguna batalla ni realizaron ninguna gesta importante hasta entonces, al menos que se sepa.

Tras la institución formal de la orden, el propio Bernardo se encargó de redactarles una regla basándose en la del Císter, la cual aunaba a su vez el monacato, la vida militar y el deber de luchar contra los infieles. Algo impensable para la cristiandad que sin embargo encajaba mejor con la *Futuwwa* —o caballería islámica— la cual contaba desde tiempos remotos con *muyahidines* —monjes guerreros dedicados exclusivamente a la Guerra Santa.

Bernardo, durante toda su vida, defendió visceralmente el deber de proteger los lugares sagrados de Jerusalén y la supremacía del papa sobre cualquier otro monarca basándose en la *Doctrina de las Dos Espadas* —que tomaría de los versículos de Lucas 22, 36-38— por la cual los intereses de la Iglesia romana estaban por encima de cualquier poder terrenal que tratara de oponérseles:

«El que tenga una bolsa, que la lleve consigo, de la misma manera que una alforja. Y el que no tenga espada, venda su manto y compre una. Entonces ellos le dijeron: "Señor, aquí hay dos espadas". Y él les respondió: "Es suficiente"».

Con la institución formal de la Orden del Temple se crearon dos facciones dentro de la misma. Por una parte estaba la de los Iniciados, posiblemente nobles que compartieron el secreto, origen y destino de la sabiduría secreta que los primeros nueve caballeros encontraron en Jerusalén, entre la cual suponemos que estuvo el Número Dorado, con el cual se construyó el templo de Salomón y la Pirámide de Keops — 1,618— pero con el que también se cimentarán los edificios y encomiendas templarias a la vera de los lugares más sagrados de toda Europa.

Y, por otra parte, el resto de militantes, en su mayoría plebeyos que solo buscaban vivir aventuras y ganarse el honor de vestir los hábitos inmaculados y portar la cruz patada.

En consonancia con la mentalidad del momento, Bernardo fue un fiel defensor del uso de la violencia contra los supuestos enemigos de Cristo. Su forma de pensar fue compartida por la mayoría del clero y de los príncipes de su época. Con todo y con eso, no podemos saber qué hubo detrás de la confabulación entre el conde de Champagne, Hugo de Payns y Bernardo de Clairvaux, pero lo que sí sabemos es que cuando Hugo de Payns regresó a Francia, comenzó una revolución arquitectónica que conseguiría edificar algunas de las catedrales más bellas y misteriosas de todos los tiempos en un estilo nunca antes conocido —el gótico— cuyos primeros exponentes fueron la abadía de Saint Denis en París y la majestuosa iglesia catedralicia de Chartres.

Este nuevo estilo se enfrentaba con el románico por la construcción de edificios muy altos, llenos de luz, con arcos ojivales, y por la predilección de la escultura y la pintura adornando sus pórticos y capiteles, en cuyo interior escondieron las claves de una sabiduría solo perceptible a unos ojos capaces de mirar y ver.

Cabe destacar que los primeros en adoptar este nuevo estilo fueron los monjes de la Orden del Císter, a la que siguió el resto del norte de Francia y, por extensión, toda Europa.

Una de las joyas del gótico, como ya hemos mencionado, es la misteriosa catedral de Chartres, anteriormente de estilo románico, construida sobre otra más antigua bajo el auspicio del obispo Fulberto de Chartres hacia el año 1020, a la sazón místico, músico y pensador de gran influencia en la región. Curiosamente, un oportuno accidente —algunos dicen que la caída de un rayo— destruyó la antigua catedral románica en 1194 coincidiendo con la visita a la ciudad de un delegado de la Santa Sede, el cual certificaría el milagro de la salvación de la reliquia más importante de Francia que se guardaba en ese lugar.

Como si alguien lo hubiera planeado todo, la reconstrucción de la nueva catedral comenzará inmediatamente, financiada por la Orden del Temple, y terminará tan solo veintiséis años después.

Desde tiempos remotos, incluso por el testimonio del mismísimo Julio César, sabemos que el emplazamiento de la catedral de Chartres fue considerado uno de los lugares de poder más relevantes del viejo continente incluso por las tribus celtas que se asentaron originalmente en aquel lugar —de cuyo nombre, «Carnutes», podría provenir Chartres— las cuales veneraron a la Diosa Madre que el cristianismo asoció posteriormente a la Virgen María, y de la que Bernardo de Clairvaux se declaró devoto aun cuando su exaltación todavía no estaba extendida entre el catolicismo.

Quizás debido al culto a la Feminidad Sagrada que impregnaba Chartres, llegó a la primitiva iglesia una reliquia llamada *la Sancta Camisia*; el supuesto velo —*otros dicen que la túnica*— que habría utilizado la Virgen María durante el alumbramiento de Jesús, cedida a esta catedral por el rey Carlos II de Francia hacia el año 876, la cual, como el Arca, se encontraba protegida por un relicario con dos querubines de oro a ambos lados.

No obstante, lo que acabará por ponernos en alerta son las escenas que aparecen en el Pórtico Norte, también llamado de los Iniciados, las cuales tienen como protagonista nada más ni nada menos que al Arca de la Alianza.

En la primera un hombre barbado vestido con una túnica se afana en cubrir apresuradamente el cofre sagrado con un velo mientras parece hallarse rodeado de hombres que son aparentemente asesinados por un soldado. Debajo de la talla puede leerse la inscripción: «Hic Am Igitur Archa Cederis» —Así pues, desde ahora, llevarás el Arca.

La segunda muestra el cofre siendo transportado sobre una carreta tirada por bueyes. Bajo esa talla se puede leer la frase en latín «Archa Cederis» —Obrarás por el Arca.

Aunque la escena podría asociarse a lo expuesto en el libro 2° de Macabeos, cuando el profeta Jeremías sacó el Arca de Jerusalén y la escondió en la tumba de Moisés antes de la llegada de las tropas de Nabucodonosor, también podría referirse a otra escena, como la de la masacre de los setenta de Bet-Semés que se atrevieron a mirar dentro del Cajón, e incluso a algún suceso que no ha trascendido, pero que los caballeros del Temple sí conocieron.

Sorprenderá sobremanera la primera escena, donde «el monje» se afana en cubrir el Arca con un velo o túnica —¿*Le Sainte Chemise?*— antes de la llegada del supuesto invasor.

Si tenemos en cuenta que Chartres, desde tiempos inmemoriales, ha sido lugar de peregrinaje de millones de personas; y si añadimos además la leyenda que leemos bajo el relieve del Pórtico Norte —«Así pues, desde ahora, llevarás el Arca»— pero que también puede traducirse como «*He traído el Arca hasta aquí*» tal vez no sea descabellado pensar que, en algún momento, la catedral de Chartres pudo haber sido, a semejanza del templo de Salomón, depositaria de la Shejiná que los caballeros del Temple encontraron en Jerusalén, o en cualquier otro lugar, y puede que tal vez aún lo sea.

En el año 911, el obispo de la catedral hizo frente a los ejércitos de Rollón sacando la Camisa de la Virgen para ponerla frente al enemigo desde un lugar elevado. Algo que se asemeja bastante a lo que los antiguos hebreos solían hacer con el Arca de la Alianza. Una tela que bien puede estar relacionada con la que el monje que vemos en la talla del Pórtico Norte utiliza para cubrir el Arca, ya que recordemos que, para el cristianismo medieval, la Virgen María era la nueva Arca de la Alianza.

Incluso para los no Iniciados, entrar en la catedral de Chartres es una experiencia mística que no suele dejar indiferente a nadie. Sus constructores supieron extraer bien la esencia de la clave musical que Platón relata en sus *Diálogos*, concretamente en el *Timeo*, donde el demiurgo organizador del universo utiliza esta clave armónica para realizar su labor, por la cual todo el cosmos, e incluso el alma individual, contendrían en sí la melodía arquetípica con la cual vibrar para poder encontrar un orden y un lugar en el Reino de los Cielos.

Discípulos de Platón y Pitágoras, hasta san Agustín, se atrevieron a postular que la esencia humana estaba concebida en base a tres claves; musical, aritmética y geométrica —cabe destacar que en la Biblia, concretamente en Sabiduría 11, 20, Salomón, constructor del primer templo, asegura que: «Dios hizo todo con medida, número y peso». Y que, cuando a Bernardo de Clairvaux le preguntaron qué es Dios, él contestó: «Es longitud, anchura, altura y profundidad»—. Por tanto, la búsqueda del orden preestablecido y el retorno a la singularidad original, para la mística pitagórica, debía manifestarse primero con el reasentamiento de un templo que contuviera estas características para que el alma se asegurase su ordenamiento. No obstante, poco o nada de esto tenía que ver con el Nombre secreto de Dios que yo conocía, y huelga decir que para los místicos, Dios es otra cosa.

> «Dios es la vida de todo cuanto vive, es la luz de todo lo que ilumina, es el aliento de todo cuanto respira, es la existencia de todo cuanto existe, es el amor de todos cuantos aman. Dios es la misericordia de todo misericordioso, la bondad de todo bondadoso, la sabiduría de todo sabio, la verdad de todos los sinceros y la fuerza de todos los guerreros. Dios es la calma que queda tras la tormenta, y también la tormenta. Son los dolores de parto y la felicidad del nacimiento. Es el silencio del desierto y el rugido del mar. Es el ímpetu de la juventud y la paciencia de la ancianidad. Dios es todo lo que imaginas y lo que no puedes imaginar». La Taberna del Derviche

Se sabe que Fulberto de Chartres habría dotado a la anterior construcción románica con los elementos armónicos, los cuales resaltaron aún más su poder telúrico, empero el nuevo arte gótico y su proporción áurea prestarían a la catedral gótica la fuerza que el alma necesitaba para dirigirse a Dios —su esencia primera y original— a través de la figura del rayo de luz que cae a la tierra, como los obeliscos egipcios, pero que también puede hacer que el ser humano se remonte a los cielos, hasta la constelación del Carro, incluso puede que a Virgo, como aseguraba Javier Sierra, dos figuras celestes que nos recuerdan bastante al Arca con sus varales.

El Carro —o la Osa Mayor— ha estado vinculado íntimamente con la simbología cristiana a causa del primer capítulo del Apocalipsis de san Juan, a partir de que el evangelista relata haber visto la silueta del Hijo del Hombre descendiendo del cielo —dejando atrás la imagen celeste de la Menorah— llevando siete estrellas en su mano. Capítulos más tarde, san Juan también relata haber visto el Arca del Pacto en su Santuario Celeste.

La constelación del Carro se compone de siete estrellas: Dhube, Merak, Megred, Phecda, Alioth, Mizar y Alkaid, las cuales son visibles durante todo el año y no desaparecen nunca, contrariamente a otras constelaciones, motivo por el que se las ha asociado con el mensaje de Cristo, el cual también se supone que permanecerá para siempre.

> «La explicación del misterio de las siete estrellas que has visto en mi mano derecha y de los siete candeleros de oro es ésta: las siete estrellas son los Ángeles de las siete Iglesias, y los siete candeleros son las siete Iglesias». Apocalipsis 1, 20.

Dios mismo asegura haber puesto allí a la Osa como muestra de su poder y como señal de su pacto —Job 9, 9—. Empero, si prestamos atención, nos daremos cuenta de que ese Carro celeste tiene un custodio muy especial, la estrella Arc-turus —Arturo— la tercera más brillante después de Sirio y Canopus, lo que puede que nos recuerde la leyenda del mítico rey inglés y sus caballeros de la Tabla Redonda, curiosamente el primer relato donde se menciona la palabra *Grial* de la mano de un más que misterioso personaje llamado Chétrien, nacido en Troyes, del condado de Champagne, vinculado íntimamente con la Orden del Temple.

Arturo, en el cielo nocturno, es el vigilante del Carro. En la epopeya artúrica, el rey perdió su identidad, por lo que debe enviar a sus caballeros para recuperar el Grial, con el que podrá sanarse. Empero si la Antigua Alianza estuvo guardada en un cofre, la Nueva Alianza necesitaría otro contenedor.

A la vista de todo el mundo, las iglesias góticas y los caballeros del Temple veneraron a la madre de Jesús; pero para los Iniciados, el mensaje era distinto: «Nosotros somos los custodios del Nuevo Pacto y del Antiguo». Es decir, poseemos el Arca de la Alianza, o lo que es lo mismo, el Santo Grial, pero ¿qué era realmente ese objeto y qué tiene que ver uno con otro?

Contrariamente al resto de edificios religiosos, las catedrales góticas, y más concretamente la de Chartres, son templos vivos; naves que nos preparan para emprender un viaje por el cosmos interno y externo, porque en el nuevo templo de Salomón, como en el antiguo, debe tener cabida lo exotérico, pero también lo esotérico.

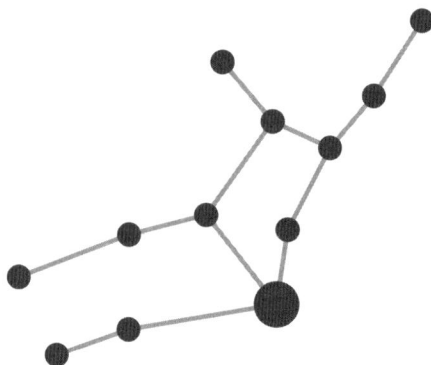

Constelación de Virgo.

Roma, para los Iniciados, era el arquetipo de la ciencia externa, también representada por san Pedro, mientras que quizás Juan el Bautista personificara el lado más místico de la religión. Siguiendo esta pauta, el Dios que quisieron mostrar los constructores de Chartres era más parecido al calor del abrazo de una madre que no juzga a sus hijos, ni pretende humillarlos, pues con su cariño es capaz de otorgarles la salvación y trasladarlos de un estado de impureza a otro de sabiduría y reunificación, donde la Luz Madre Universal y la Luz Hija del alma humana podrían fundirse de una vez como en el milagro que sucede cada 21 de junio en esta catedral, durante el solsticio de verano, más concretamente a las doce de la mañana, cuando un rayo de sol atraviesa la vidriera de san Apolinar iluminando una curiosa baldosa, distinta a todas las demás, que sin embargo nadie se ha preguntado qué esconderá.

Louis Edouard Desiré Pie, vicario de la catedral en 1844, aseguraba que: «Lo más importante de Chartres no es lo que hay arriba, sino lo que hay debajo» —curiosamente, lo que esconde la cripta de la catedral no es ni más ni menos que un pozo sin fondo que se yergue frente a una capilla subterránea coronada por una virgen negra, la cual se levanta frente el Altar Mayor.

El recinto, que solamente se abre para recibir visitas guiadas, encubre el enclave original y quién sabe si esa virgen negra sobre el altar, detrás del pozo, no sea realmente la equis que marca el lugar donde alguien, quizás unos caballeros procedentes de Tierra Santa, escondió algo que debería descansar en el *Sancta Sanctorum* del nuevo templo de Salomón de la cristiandad.

Aunque, por otra parte, Desiré Pie quizás se refiriera a la ya mencionada Santa Camisa, que también se conserva en un relicario junto al Altar Mayor.

Desde tiempos antiguos, los peregrinos se encerraban en este lugar para pasar nueve días orando y ayunando con la intención de purificarse —como hicieron los templarios posteriormente en la Explanada de las Mezquitas— para luego ser merecedores de contemplar la imagen de la Señora Bajo Tierra.

Como ya hemos apuntado, las vírgenes negras acompañarán a la Orden del Temple durante toda su existencia, pero resulta curioso poder contemplar en Chartres que la talla de la Señora bajo Tierra va cubierta con un manto de oro, sobre todo si recordamos que el Arca de la Alianza se hizo con madera negra y se revistió de oro.

Si los templarios encontraron el Arca y la sacaron de Jerusalén, es algo que no podemos saber. Si además la trajeron aquí, como parecen apuntar los dos relieves del Pórtico Norte, las leyendas y todos los indicios que hemos registrado, tampoco lo podemos saber. Como no podemos saber qué hay bajo la losa en la cual va a parar el rayo de luz que entra por la vidriera de la catedral cada 21 de junio, ni debajo del Altar Mayor de la cripta. Pero lo que sí sabemos es que Dios no juega a los dados… y creo que los templarios tampoco.

Los lugares verdaderamente sagrados, como la catedral de Chartres, ponen los pelos de punta al peregrino y preparan el alma para el encuentro con el Señor. Su silueta, que se levanta majestuosa entre los edificios de esta modesta ciudad al sur de París, sorprende al caballero perfecto, que se sentirá atraído por ella como la polilla por la luz de una vela.

Si se lo permites, no hará falta que vayas al Domo de la Roca para sentir la Shejiná. Chartres es muy capaz de hacer que te sientas abrazado por Dios mientras recorres el laberinto de conciencia que se dibuja en el suelo de la entrada, cuando rezas en la cripta frente a la estatua de Nuestra Señora bajo Tierra, o dando vueltas a su alrededor intentando descifrar los secretos ocultos en su mampostería.

Chartres es un Templo, quizás no el de Salomón, pero sí el de unos constructores que sabían bien lo que hacían; y que, como Hiram Abif, fueron asesinados por quienes quisieron arrebatarles su saber. No obstante, un pequeño detalle seguía quitándome el sueño. Días antes también había visitado Saint Denis, la tumba/catedral de la mayoría de los reyes franceses, incluido Dagoberto I, y había encontrado en la cripta una representación del Arca de la Alianza muy parecida a la que mostraba el Pórtico Norte de Chartres: un cajón tirado por bueyes y sacado de algún lugar por lo que parecían ser hombres tocados por turbantes de rasgos negroides.

Las dos únicas referencias al Arca tirada por bueyes que encontramos en la Biblia son cuando los filisteos la montaron en un carro y la llevaron a Bet-Semes, como ya hemos apuntado; y cuando David intentó trasladarla por primera vez a Jerusalén, y Uzzá, pensando que podría caerse, la tocó, muriendo allí mismo. David, aprendida la lección, volverá a sacarla de casa de Obededom, pero esta vez tal como mandan las Escrituras, sobre los hombros de los levitas. De esa forma llegará a Jerusalén sin ningún problema y descansará en el Tabernáculo hasta que el templo esté construido. Con todo, ninguna de las dos miniaturas francesas coincidía con el relato bíblico. El libro 2º de Macabeos no dice que Jeremías la sacara en un carro, sin embargo, era el que más se ajustaba a ambas representaciones.

Tal vez, pensé, la escena de Chartres sucediera después de los relatos bíblicos. Puede que representara a uno de los caballeros templarios sacando el Arca de Jerusalén antes de la toma de la ciudad por Saladino... No obstante, no era eso lo que me quitaba el sueño.

Meses antes pude encontrar una escena muy parecida en uno de los frisos de la Sinagoga Blanca de Cafarnaúm. Esta no de origen templario, sino hebreo. Sin embargo, el relieve presentaba el Arca de la misma forma: ¡un simple cajón de madera sin varales!

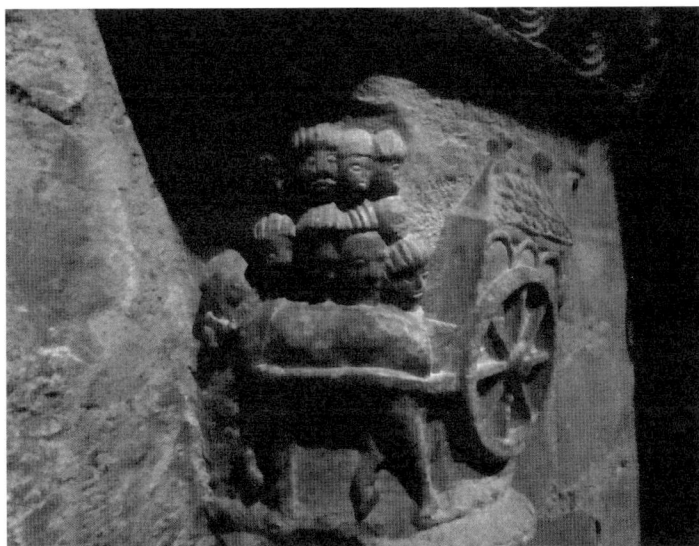

Relieve del Arca oculta en la Cripta de Saint Denis. París. Francia.

Ni la de Saint Denis —que parecía querer pasar completamente desapercibida— ni la de Cafarnaúm, ni tampoco la del Pórtico Norte de Chartres eran arcas tocadas por querubines, sino tan solo sencillos cajones de madera que podrían pasar desapercibidos para cualquiera. ¡El misterio estaba servido! Era absurdo suponer que los constructores de las tres edificaciones no sabían cómo el libro del Éxodo describía el Arca. Sería también ilógico pensar que tan solo fue un error, o que se dejaron mover por el deseo de ahorrarse el trabajo de tallar los querubines. También sería inadmisible suponer que fue producto del azar. Lo más lógico era creer que, quienes tallaron aquellas escenas, sabían realmente cómo era el Arca de la Alianza porque ¡la habían visto!

¿A quién sirve el Grial?

«Dios se hizo humano para que la humanidad
se hiciese Divina». San Atanasio.

Sobre todo a través de Chrétien de Troyes, Wolfram Von Eschenbach y Robert de Boron ha llegado hasta nuestros días el relato del Grial y la epopeya del rey Arturo y sus caballeros de la Mesa Redonda que, más que un simple cuento de caballería, parece ser la gesta arquetípica del viaje del héroe, con su subida y bajada de Dios, con su ganancia del Paraíso, pérdida y posterior redención, la cual está bien descrita en la historia de Parsifal —o Perceval— de quien Richard Warner haría su posterior interpretación.

Cuenta la leyenda que el padre de Perceval, el rey Gahmuret, murió en la batalla antes de que su hijo naciera —Perceval era el segundo hijo de Gahmuret, que antes habría contraído primeras nupcias con la reina etíope Belacane y engendrado a Feirefiz, un niño mitad blanco y mitad negro— por lo que su madre, Herzeloyde, rota de dolor, se exilió junto a Perceval a la campiña para protegerlo del espíritu aventurero que extravió a Gahmuret, temiendo que un día el joven pudiera enamorarse también de la «Dama Aventura» y saliera corriendo en su busca.

Desprendiéndose de todos sus lujos y bienes, madre e hijo se recluyeron en una cabaña, donde Perceval fue educado en la sencillez de la vida contemplativa y humilde. Herzeloyde le enseñaría a rezar diciéndole que, allá donde viera una bella criatura, se arrodillara, pues seguramente sería un ángel. Y donde viera un hermoso edificio, entrase a rezar, pues seguramente sería una iglesia.

Cuando el joven se hizo mayor, paseando por el bosque, se topó con algunos caballeros de fulgurante armadura y, confundiéndolos con ángeles, se arrodilló ante ellos. Como era de esperar, los caballeros se burlaron de él llamándole «el Tonto Perfecto» debido a su inocencia, no obstante Perceval intentó seguirlos, aunque acabó perdiéndose. Al cabo de un rato encontró un hermoso campamento y, como nunca había visto nada semejante, creyó que era una iglesia, por lo que entró a rezar en una de las carpas, pero dentro se encontró con una hermosa mujer, a la cual quiso robarle un beso.

Tras numerosas peripecias, el hijo de la viuda llegará a la Corte del rey Arturo y será instruido en las reglas de la caballería, las cuales recomendaban no hacer demasiadas preguntas, pues lo contrario se consideraba un gesto de descortesía.

Tiempo después será armado caballero y se encontrará con su hermanastro Feirefiz en una de sus travesías, con quien luchará hasta la extenuación antes de descubrir que son parientes. Años más tarde es invitado al castillo del Grial, donde será convidado a cenar junto al señor de la hacienda, el cual estaba gravemente enfermo. Durante la cena, un paje pasó por entre los comensales llevando una lanza que chorreaba sangre, seguido de una doncella portando «un grial» que colmaba de luz toda la estancia. Empero, obligado por las reglas de caballería, Perceval no se atreverá a preguntar nada. —Si bien en *El cuento del Grial* de Chétrien de Troyes no se afirma que el Grial sea un cáliz, parece que queda implícito dado el contexto. No obstante, años más tarde, el relato de Wolfram Von Eschenbach vinculará el Grial con una piedra sagrada llamada *Lapsit Exillis*, asegurando además que Chétrien no sabía bien de lo que hablaba.

«Una piedra preciosa que el sol atraviesa y que recibe el nombre de radiante (…) Los alimentos que consumen los templarios proceden de ella y su nombre es *Lapsit Exillis* —Piedra del Exilio».

Acabada la «Cena del Señor», Perceval fue conducido a sus aposentos, donde durmió toda la noche. Pero, al despertar, descubrió que estaba solo y que incluso el castillo había desaparecido. Consumido por la culpa de no haber preguntado al monarca por su dolor, se pasará el resto de su vida buscando de nuevo el castillo del Grial hasta caer abatido por la desesperación y la agonía, llegando incluso a renegar de su propia fe. Empero, sumergido en su noche más oscura, se encontrará con unos pobres peregrinos caminando descalzos, los cuales entonaban hermosas alabanzas y cánticos a Dios. En su indigencia, parecían felices porque se habían abandonado al Señor.

Perceval encontrará en ellos, así como en su tío —el hermano de su madre que se había convertido en ermitaño— la fuerza que necesitaba para hacer exactamente lo mismo: rendirse a Dios, comprendiendo que fue su vanidad de caballero la que lo extravió.

Solamente cuando se arrodilló y reconoció su debilidad, encontró de nuevo el castillo del Rey Pescador, formuló la pregunta: «¿A quién sirve el Grial?». Y el rey sanó.

Si bien Chrétien de Troyes es más parco en su descripción de la comitiva de la Lanza Sangrante y del Grial, Wolfram Von Eschenbach añadirá algo fundamental: que la portadora del objeto sagrado, Repanse de Schoye, a la sazón pariente de Perceval y hermana del rey Amfortas —Arturo—, así como sus sirvientes, eran damas que se habían consagrado a la pureza y estaban libres de toda maldad. Atributos que debía poseer el buscador del Grial… y del Arca de la Alianza.

En la historia de Perceval vemos cómo nuestro héroe va perdiendo su humildad primigenia debido a su vinculación con el mundo, el cual lo intenta domesticar haciendo que se olvide de quién es. Finalmente, en la obra de Eschenbach, Feirefiz se casará con Repanse de Schoye y Perceval se convertirá en el señor del castillo del Rey Pescador, nombrando al caballero del Cisne, Lohengrin, custodio del Grial.

Si para Chétrien de Troyes el Grial es tan solo un recipiente o un relicario, para Wolfram Von Eschenbach es una piedra exiliada que tendría una serie de inscripciones grabadas.

«En el borde de la piedra se lee una misteriosa inscripción en la que están escritos los nombres y el linaje de quienes están destinados a cumplir ese bienaventurado viaje para conseguirla. Para eliminar la inscripción no hay que rasparla, puesto que se desvanece ante los ojos de quien la mira nada más lee su nombre».

A principios del siglo XIII, Wolfram tomará la historia inacabada de *Contes del Graal* de Chétrien para crear su Parzifal, para lo cual aseguró haber recibido mejor información que su predecesor de manos de un extraño personaje, a quien llamará Kyot, quien a su vez habría encontrado la historia en Toledo en unos legajos escritos por un judío llamado Flegentanis, el cual a su vez aseguraba conocer la historia del Grial porque la había leído en las estrellas. Sea como fuere, Eschenbach relacionará claramente a la Orden del Temple con esa piedra traída del exilio que a su vez tenía letras grabadas en su interior, y de la cual fueron custodios los mismísimos ángeles. No será hasta que Robert de Boron, siglos más tarde, reedite la obra de Troyes, que el Grial se convertirá en la copa que recogerá la sangre de Cristo estando en la cruz; y años más tarde, en el ciclo de la Vulgata, con la *Queste del Saint Graal* de la Orden del Císter, que acabará de fundirse con los símbolos cristianos.

Imagen del Arca en uno de los frisos de la Sinagoga Blanca de Cafarnaúm.

El cáliz papal

«Respondió Jesús y le dijo: "Todo el que beba de esta agua volverá a tener sed, pero el que beba del agua que yo le daré, no tendrá sed jamás, sino que el agua que yo le daré se convertirá en él en una fuente de agua que brotará para vida eterna"». Juan 4, 13-14.

En tiempos de Jesús, los judíos solían bajar a Jerusalén para celebrar las tres fiestas mayores; Sucot, Shavuot y Pesaj; conocida esta última en Occidente con el nombre de Pascua —que en hebreo significa «dejar pasar»— y que tiene que ver con la acción del Ángel de la Muerte que Yahvé envió a los egipcios, el cual dejó con vida a los primogénitos judíos, pasando por la puerta de sus casas sin llegar a entrar. Pero, además, también nos recuerda el momento en que las aguas del Mar Rojo se abrieron para dejar paso a los hijos de Israel en su huida de faraón.

Moisés, años más tarde, instaurará el sacrificio de un cordero pascual, además de la ingesta de hierbas amargas y pan ácimo como recuerdo de aquella noche.

La preparación de la fiesta, aún hoy, suele comenzar varios días antes. El ritual previo se denomina Séder. El anfitrión, llegado el momento, toma la primera copa de vino, bendice la mesa y santifica el fruto de la vid, *Qiddus*, como hizo Jesús. Después partirá el pan en dos trozos antes de escanciar la segunda copa. Con este segundo cáliz, se canta el Hallej —la alabanza principal— y se recuerda el éxodo, a menudo leyendo los pasajes bíblicos donde es relatado. Antes de beber, se reparten los trozos de pan entre los invitados —*como también hizo Jesús en la Santa Cena*— Y cuando el anfitrión empieza a comer, todos los demás deben seguirle. En ese momento es cuando comienza el banquete propiamente dicho, con el cordero y las hierbas. Al terminar, se dan las gracias a Dios con la Copa de Bendición y se entonan los cánticos prescritos. Por último, se sirve la última copa, se recita de nuevo el Hallej, y se da por terminado el ritual.

Como podemos ver, el Grial de Robert de Boron bien pudo haber sido la Copa de Bendición que Jesús utilizó para conmemorar la Pascua y que, posteriormente, los apóstoles siguieron utilizando para celebrar la Santa Misa.

Este cáliz, que posiblemente se guarde en la catedral de Valencia, fue traído a Roma por san Pablo, que a su vez habría viajado desde Antioquía o Corinto, donde, tras la muerte del último apóstol, quedaría en manos de la comunidad cristiana hasta que san Lorenzo lo sacó a escondidas de la ciudad para ponerlo a salvo del emperador Valeriano, el cual había dictado un edicto de persecución contra los cristianos y ordenado el desvalijamiento de todos sus tesoros —[aunque la historia original atribuye la propiedad del cáliz a Pedro, me parece más probable que fuera Pablo quien lo trajera a Roma. De san Pablo sabemos con seguridad que predicó en la capital del Tíber y que fue encarcelado y ejecutado allí. Además, según 1ª de Corintios 11, 23, Pablo aseguró haber recibido del Señor el secreto de la Eucaristía].

A través de Precelio, san Lorenzo puso a salvo el santo Cáliz, así como otros objetos sagrados, enviándoselos a su familia en España, los cuales deberán ser considerados los primeros custodios del Grial. O, mejor dicho, de la Copa Papal en la península.

Con la invasión islámica amenazando desde el sur, la copa irá cambiando de lugar hasta que en 1071 el obispo de Jaca la trasladará al monasterio de San Juan de la Peña, según atestigua el canon de Zaragoza Carreras Ramírez en su obra *Vida de san Lorenzo*, 1134.

En el 1399, el cáliz pasará una temporada en Barcelona custodiado por el rey Martín el Humano hasta que es ubicado definitivamente en Valencia por el rey Alfonso V, en el año 1437, donde todavía descansa gracias a sus protectores, entre los cuales destaca la figura del canónigo Elías Olmos, que lo preservará, arriesgando su propia vida, durante la guerra civil española.

Los indicios a favor de la veracidad de este cáliz son numerosos, como el que podemos encontrar en el canon romano, antiguo misal que contiene la fórmula para la consagración de la Eucaristía, la cual asegura que el señor Jesucristo, tomando en sus manos «este cáliz» —*Hoc Praeclarum Calicem*— bendijo el vino y lo pasó a sus discípulos, confirmando así la tradición de la Copa Papal, la cual era utilizada únicamente por el representante de Pedro pues se consideraba que era el mismo vaso que Jesús utilizó en la Última Cena.

El insigne profesor de Arqueología Antonio Bertrán consiguió datar el cáliz en el siglo I d. C., y su origen romano está bien documentado por el frecuente uso de vasos tallados en piedras semipreciosas que competían con los de oro y plata durante esa época.

No obstante, a partir del 1060, la basílica de San Isidro en León rivalizará con el monasterio de San Juan de la Peña por ostentar el honor de ser el castillo del Grial.

Fernando I y su esposa Sancha, reyes de León, ampliaron la anterior iglesia del siglo X, trayendo toda clase de reliquias de Tierra Santa, así como el cuerpo de san Isidro y san Vicente de Ávila, construyendo además un panteón para su descanso eterno.

Deseando fortalecer su amistad con Fernando I, el sultán de Denia Muyahid al Muwaffaq, le enviará la copa que a su vez había recibido del sultán fatimí de El Cairo, Al Mustansir, la cual pretendía ser el cáliz robado del Santo Sepulcro de Jerusalén durante una de las incontables batallas entre cristianos y musulmanes siglos atrás.

El acta de cesión de la copa fue traducida por el doctor en filología árabe Gustavo Turienzo Veiga, el cual encontró por casualidad dichos documentos mientras trabajaba en la Biblioteca Nacional de El Cairo en 2006.

Parece ser que, mientras hacía labores de reestructuración en dicha biblioteca, el doctor Turienzo Veiga se topó con un manuscrito donde podía leerse claramente el nombre de Fernando. Movido por la curiosidad, no dudó en examinar el legajo para descubrir que el texto narraba la crónica de una hambruna acaecida en Egipto hacia el año 1050 aproximadamente a causa de un inesperado cambio climático. Por dicho motivo, el sultán fatimí habría enviado misivas de ayuda a todos los reinos musulmanes, de los cuales solo el sultán de Denia contestó mandándole un barco lleno de alimentos. En agradecimiento, el sultán de El Cairo le remitiría el cáliz que Jesús habría utilizado en la Última Cena.

No obstante, según los historiadores Margarita Torres-Sevilla y José Miguel Ortega del Río, durante su traslado hasta León, el cáliz sufrió un accidente, lo que hizo que se resquebrajara en uno de sus laterales, esquirla que sería enviada al sultán Salah-ad-Din. Pero, lo más curioso es que, recientemente, el cáliz, fabricado en ónice, ha sido desmontado para hacerle una réplica, revelando que, en uno de sus laterales, efectivamente, le falta una astilla.

Con todo y con eso, nadie puede asegurar que el Grial de doña Urraca sea la Copa Papal con la que se instituyó la Última Cena, ya que no tenemos suficientes datos para ubicarlo durante los más de trescientos años que pasaron hasta que fuera depositado en el Santo Sepulcro. Sin embargo, la historia no deja de ser emocionante.

Ávalon y el cristianismo celta

«Quien crea que Arturo no existió debe ser tratado como un ciego, pues hay muchas evidencias de lo contrario. Se puede visitar su sepulcro en Glastonbury, su sello real en la abadía de Westminster, en el castillo de Dover podemos ver el cráneo de Gawain, en Winchester la mesa redonda, y en otros lugares la espada de Lanzarote y otras cosas, por lo que no hay hombre razonable que pueda negar que en esta tierra existió un rey llamado Arturo». Sir Thomas Malory.

A partir del siglo XII aparecerá por primera vez la palabra latina *gradalis* en algunos textos originarios del norte de la península ibérica y sur de Francia, la cual designaba algún tipo de recipiente, relicario o contenedor, de la que tal vez pudo derivarse el nombre *Graal* en francés, o *Grail* en inglés, siendo el adjetivo «santo» un añadido posterior. Hélinand de Froidmont, predicador cisterciense, así lo refleja en su obra *Chronicon*.

Dentro de la amalgama de mitos que tenemos del Grial, y a pesar de la supuesta descendencia de Cristo y María Magdalena que tanta polémica ha suscitado en los últimos años, la imagen más representativa de él es la del recipiente que recogió la sangre de Jesús estando en la cruz, símbolo del legado místico del cristianismo gnóstico y supuesta revelación del auténtico mensaje de Cristo que contendría el don de dar la vida. En tanto el mensaje incorrecto, privaba de ella.

«Tomó luego una copa y, dadas las gracias, se la dio a sus discípulos diciendo: "Bebed de ella todos, porque ésta es mi sangre de la Alianza que será derramada por muchos para perdón de los pecados"». Mateo 26, 27.

En el extremo oeste de Inglaterra se yergue, desde tiempos inmemoriales, la pequeña villa de Glastonbury, uno de los lugares más mágicos del planeta; morada de hadas, lugar de encuentro con el misterio y reducto imperecedero de la espiritualidad celta.

Cuenta la leyenda que aquí acabó la historia del rey Arturo y sus caballeros de la Mesa Redonda, cuya tumba de mármol negro, que albergaba el cuerpo de un hombre de dos metros y medio de altura junto al de una mujer de cabellos rubios, la reina Ginebra, se ubicaba en las ruinas de la antiquísima abadía del lugar.

Robert de Boron, basándose en el Evangelio apócrifo «Carta de José de Arimatea», asegura que José recogió la sangre de Jesús en un cáliz mientras estaba en la cruz y que luego pidió su cuerpo a Pilatos para darle sepultura antes del Sabbat. No obstante, cuando el domingo encontraron el sepulcro vacío, José fue acusado de robar el cadáver de Jesús para hacer creer al pueblo que había resucitado y, por tanto, fue enviado a la cárcel sin comida ni bebida. Sin embargo, durante el encierro, Jesús se le aparecería entregándole el Santo Grial —la Copa Sagrada con la que José había recogido su sangre— además de una oblea con la que mantenerse durante su encierro. Un alimento que, más que físico, era espiritual, pues confirió a este hombre, aparentemente normal, una posición superior a la de cualquiera de los apóstoles.

Desde aquel momento, José de Arimatea se convirtió en el primer custodio del Grial Místico; el guardián de una sabiduría que debía transmitirse solamente a los que se hicieran merecedores de ella. El auténtico legado de Jesús de Nazareth que ahora se establecía en una Sagrada Asamblea de hombres y mujeres perfectos que se llamaría La Mesa del Grial, donde solo unos pocos, tras arduos esfuerzos por tratar de convertirse en damas y caballeros perfectos, eran invitados.

Tiempo después, cuando José fue liberado —el Evangelio apócrifo asegura que por el mismísimo Jesús— se exilió llevando el Grial a Britania, concretamente a Glastonbury, donde fundó la primera iglesia cristiana mistérica.

Curiosamente, cuando Agustín, un evangelista enviado por Roma llegó a este lugar para cristianizar a los paganos, encontró una iglesia muy bien asentada y compleja, a cuyo origen no encontró explicación.

Es en Glastonbury donde, cuenta la tradición, José escondió la Copa, aunque, como hemos visto, ya no estamos hablando de un vaso, sino de una sabiduría secreta. Donde, como también hemos mencionado, se encuentra actualmente la tumba del rey Arturo, y donde además se ubicó la mítica Isla de Ávalon, uno de los lugares más increíbles del planeta, en cuyas entrañas duerme el espíritu de Arturo presto para retornar cuando el mundo lo requiera.

Como testigo milagroso de todos estos sucesos podemos encontrar el Espino Blanco, procedente del bastón que José clavó en el suelo al llegar aquí, el cual solamente crece en estas tierras y solo florece en Pascua y en Navidad.

La leyenda asegura que José escondió el Grial en el pozo que hoy se encuentra a los pies de un otero cercano a la abadía de Glastonbury —el Tor— y que puede visitarse en los jardines Chalice Weell, donde, según parece, las hadas protegen el misterio del Cáliz.

Dentro, el pozo de aguas ferrosas resuena como los latidos de un corazón y sigue siendo causa de admiración para quienes creen que este sonido tiene algo que ver con la sangre de Cristo que contuvo el Grial.

Mientras, en la parte de atrás de los jardines, otra fuente mágica, White Spring, a la derecha del camino que conduce hacia la colina, brinda al peregrino aguas de color blanco que, mezcladas con las rojas del Pozo del Cáliz, tienen, o al menos eso dicen, propiedades curativas.

El otero, que anteriormente tenía el aspecto de isla rodeada por un lago y cubierta por la bruma, era en realidad la entrada al mundo mágico de las hadas, Annwn, cuyo rey, Gwyn, solía salir a pasear por las inmediaciones antes de que san Collen se encontrara con él y rociara el lugar con agua bendita, haciendo construir una iglesia en la cima de la colina para tapar la entrada al reino de la magia.

No obstante, aunque la curia ha intentado remover durante siglos el recuerdo de los seres mágicos que habitaban este lugar, sin embargo la epopeya de Arturo narra que su hermana, el hada Morgana, junto con algunas otras, trajeron hasta aquí su cuerpo montado en una barca para velarlo por siempre mientras Excalibur, custodiada por la Dama del Lago, aguarda pacientemente su regreso sumergida en las aguas de algún arroyo cercano.

Como las apariciones de seres de luz en el Tor eran habituales, para ocultar el legado celta e imponer la visión romana, los monjes consagraron la iglesia a san Miguel Arcángel, haciendo creer a la población que los seres que se veían sobre la colina eran serafines. Con todo y con eso, el edificio fue sacudido por un extraño terremoto —quizás la venganza de las hadas— construyéndose en su lugar la hermosa torre que todavía se alza intentando tapar sin éxito la entrada al reino de los elementales.

Cuando el cristianismo llegó a Britania, se fundió con la cultura celta sin demasiados problemas, como vemos en el emblema mágico de la cruz y la circunferencia. Por esa mutua impregnación, el círculo donde los druidas se reunían en asamblea se convertiría, a partir de aquel momento, en un espacio sagrado para la celebración de la Eucaristía. No obstante, con el paso del tiempo, las islas debieron plegarse también a los dogmas impuestos por Roma. De esa manera, los antiguos druidas, que antes habían convivido pacíficamente con los sacerdotes cristianos, de la noche a la mañana se convirtieron en magos y brujos a los que temer y perseguir. Sus rituales en la naturaleza pasaron a ser pactos satánicos. Y los elementales de los bosques, demonios con los que los brujos y brujas se dedicaban a hacer sus maquiavélicos tratos.

La reverencia a la Madre Tierra y nuestro vínculo con ella fue sojuzgado por una religión dogmática cuyo punto fuerte fue rechazar con violencia todo lo que se salía de sus cánones. A pesar de esto, cuando los visigodos tomaron la capital del Tíber, nadie se acordó de la suerte de las islas británicas, por lo que los últimos reductos del cristianismo celta, como Glastonbury, lejos de la influencia continental, tomaron su propio camino, añadiendo mitos oriundos y tradiciones mágicas al culto cristiano.

Una prueba de esto último la podemos encontrar en la Piedra del Destino; un asiento de roca que posiblemente estuvo enclavado en algún lugar de poder, pero que con la llegada del cristianismo se arrancó literalmente de su sitio para atribuirle una historia afín al nuevo culto. Con esta estratagema, los reyes escoceses siguieron coronándose sobre ella hasta que en 1296 Eduardo I de Inglaterra la robó de la catedral de Scone para trasladarla a la abadía de Westminster, haciendo construir sobre ella un trono donde, a partir de aquel momento, se coronaron también los reyes de Inglaterra.

En el 1996, para normalizar las relaciones entre Escocia e Inglaterra, el primer ministro John Major devolvió la Piedra a Edimburgo con la condición de que fuera cedida para la coronación de los distintos reyes ingleses cuando fuera preciso.

Según la leyenda que se creó en torno a la Piedra del Destino, cuando Jacob se marchó del campamento de su padre para buscar esposa en la tienda de Labán, llegó hasta un lugar muy especial —el monte Moriah en Jerusalén— y se recostó allí. Después puso una roca en su cabeza a modo de almohada y tuvo un sueño.

> «Soñó con una escalera apoyada en tierra, y cuya cima tocaba los cielos, y he aquí que los ángeles de Dios subían y bajaban por ella. Y vio que Yahvé estaba sobre ella y que le dijo: "Yo soy Yahvé, el Dios de tu padre Abraham y el Dios de Isaac. La tierra en que estás acostado te la doy para ti y tu descendencia". Levantóse Jacob de madrugada y, tomando la piedra que se había puesto por cabezal, la erigió como estela y derramó aceite sobre ella. Y llamó a aquel lugar Betel, que significa Casa de Dios». Génesis 28, 10 y ss.

La traducción del texto parece indicarnos que Jacob se topó por casualidad con este sitio, pero la palabra *toparse* también puede traducirse como «orar», por lo que el Talmud asegura que, cuando Jacob pasó por aquí y reconoció el lugar donde Dios puso a prueba a su abuelo Abraham, decidió rezar en él durante toda la noche. De esta forma el judaísmo contará con una plegaria más. Abraham instauró la oración matutina, Isaac la vespertina, y ahora Jacob la nocturna.

Cima del Tor. Glastonbury.

Aunque el sentido teológico del texto es este, no podemos negar el componente mágico del lugar ni la trascendencia del mismo. De hecho, cuando Jacob despertó de su sueño, admitió claramente que aquel enclave era extraordinario, mucho más de lo que habría podido imaginar, e hizo una solemne promesa: «Si Dios me asiste y me guarda en este camino que recorro, y me da pan que comer y ropa con que vestirme, y vuelvo sano y salvo a casa de mi padre, entonces Yahvé será mi Dios, y esta piedra que he erigido como estela será la Casa de Dios; y de todo lo que me diere, le pagaré el diezmo». Génesis 28, 21-22.

Como ya hemos visto, años más tarde, un ángel le mostraría al rey David el lugar donde erigir el templo a Yahvé, justamente en la roca donde Jacob tuvo el sueño, al cual los hijos de Israel vendrían desde todos los confines de la tierra.

Según el judaísmo tradicional, un ángel abarca con sus alas una distancia de 2000 parasangas —un parasanga, unidad de medida persa, equivale, según la Royal Geographic Society, a poco menos de 4 kilómetros—. Por tanto, que Jacob viera a varios ángeles subir y bajar del cielo en el monte Moriah nos invita a imaginar las enormes dimensiones que debió tener dicha escalera —tal vez la medida exacta que después tendría el templo de Salomón—. Empero resulta curioso que actualmente haya un lugar en Escocia que asegura poseer aquella piedra que Jacob utilizó como almohada y que formó parte además de los rituales de coronación de los reyes Dalriadas, la cual puede ser admirada en la Sala de los Tesoros de Escocia del Castillo de Edimburgo.

La corte de Lucifer

«El mensajero perverso cae en la adversidad, pero el
enviado fiel trae sanidad». Proverbios 13, 17.

El castillo de Wewelsburg, en la parte más occidental de
Alemania, fue el enclave elegido por Heinrich Himmler para
ubicar el Camelot de las SS. Originalmente, la edificación
databa del año 1605 y fue construida como segunda residencia para el príncipe Dietrich Von Fürstenberg, cerca de donde
tuvo lugar la batalla de Teutoburgo. No obstante, Himmler se
encargaría de remodelarlo a conciencia para que pudiera albergar las reliquias que se proponía encontrar a través de la sociedad cultural Ahnenerbe, la cual había creado con el objetivo
de sacralizar la raza aria y legitimar un Tercer Reich que gober-
nara el mundo para siempre.

Si bien la Lanza del Destino, con la que Cayo Casio Longinos
atravesó el costado de Cristo, ya estaba en su poder tras robarla
del Museo de Viena, todavía quedaba por encontrar el Arca de
la Alianza y el Santo Grial.

Esta historia comienza cuando una mañana, un flamante
oficial de las SS se presentó en la casa de un humilde escritor
especializado en el Grial llamado Otto Rahn, el cual sostenía
que la Copa Sagrada había estado vinculada con una extraña
secta exterminada por la Iglesia católica en el sur de Francia llamada los Cátaros.

A partir del siglo XII se extenderían en Europa diferentes
herejías que atentaron, a veces sin proponérselo, contra la hege-

monía Papal. Una de ellas, de corte mistérico, fueron los albigenses, también conocidos como cátaros —o los puros— asentados sobre todo en el Languedoc, los cuales sostenían que este mundo había sido creado por la influencia de Satanás, en tanto el Reino de los Cielos podía ganarse a través de una ruptura completa con los encantos materiales en favor del puritanismo, el ayuno, la abstinencia y la oración.

«Nadie puede despertar escuchando a personas que te dicen que estás dormido, ni leyendo libros de aquellos que dicen estar despiertos. Si quieres encontrar el camino, rompe la brújula. Si quieres vivir el tiempo, rompe el reloj. Para despertar debes dedicar todo tu esfuerzo en salir del sueño. El sueño comienza cuando buscas trozos de Dios y olvidas su unicidad. Si solo conoces trozos de Dios, acabarás atrapado en el sueño de la separación, quizás enamorado de esos pedazos que a la postre te conducirán a la perdición. La tierra y la arena están ardiendo. Si quieres encontrar el camino, apoya tu rostro sobre la arena ardiente y sobre la tierra del desierto, ya que todo herido por el amor debe llevar en su frente la marca de la herida. La cicatriz tiene que estar a la vista, no solo en tu interior. Deja que se vean los jirones de tu corazón, porque el que transita el camino del amor y del conocimiento es reconocido por sus cicatrices y juzgado por su devoción. Si ese no es tu caso, sigue durmiendo el sueño de la separación. Dios es el tesoro solo de unos pocos, y solo unos pocos son el tesoro de Dios».

99 Cuentos y Enseñanzas Sufíes.

Si bien Dios había creado los espíritus de todos los seres, un demiurgo se habría encargado de fabricar sus cuerpos, donde las almas fueron encerradas hasta su total redención. Entre las obras de ese demiurgo, al que consideraban el diablo, estaba la iglesia de Roma.

El objeto más preciado del catarismo, contrariamente a la doctrina católica, que basaba su fe en el sometimiento a la autoridad eclesiástica y en la realización de diferentes ritos para alcanzar la salvación, era la adquisición de la gnosis: el conocimiento que rompería de una vez por todas el ciclo de las reencarnaciones para que el alma original volviera a recuperar su cuerpo angelical y retornara al lugar de donde un día descendió.

Al oponerse a cualquier intermediario entre Dios y los hombres, y abolir todo tipo de rituales, los cátaros también negaron el bautismo, e incluso celebraron la Cena del Señor sin ceñirse al dogma de la transustanciación.

Para ser cátaro, el iniciado solo tenía que aceptar el *Consolamentum*, un sacramento secreto heredado, según decían, de la verdadera Iglesia, cuyos máximos exponentes habrían sido Juan Bautista y María Magdalena.

Otto Rahn basó su tesis doctoral en la vinculación entre el Grial y el catarismo, publicando una obra llamada *Cruzada contra el Grial*, donde aseguraba que el castillo del Grial, Montsalvatge, era la fortaleza donde se recluyeron los últimos cátaros antes de ser masacrados en la Cruzada albigense ordenada por el infame papa Inocencio III, Montsegur.

Domingo de Guzmán, Antonio de Padua, Bernardo de Clairvaux y por extensión toda la Orden del Císter intentaron sin apenas éxito someter a los clérigos occitanos y a sus señores, de modo que la paciencia de Roma se vio colmada y el papa decidió enviar a un nuevo delegado, esta vez con indicaciones bastante diferentes, Arnaldo Almarico, quien, junto a Simón de Montfort, se presentó en Montsegur diciendo: «¡Matadlos a todos, que Dios reconocerá a los suyos!».

En marzo de 1244, las fuerzas papales quemaron vivos en una hoguera a los últimos 210 cátaros que se habían hecho fuertes en la cima de Montsegur, los cuales prefirieron arrojarse a las llamas antes que renegar de su fe.

Casi en la ruina y demandado por sus acreedores, Otto Rahn se vio forzado a aceptar el encargo de volver al Languedoc a buscar el tesoro de los cátaros, el cual, por el desprecio de los bienes materiales que la orden predicó, no podía ser físico, sino espiritual —aunque parece que esto último le pasaría desapercibido al ilustre investigador—. Un tesoro que, cuenta la tradición, habrían sacado de Montsegur la noche antes de su rendición y escondido en alguna cueva, pozo o villa cercana. No obstante, para emprender la tarea de ser un buscador del Grial, Otto Rahn tenía primero que ser armado caballero de las SS. Pero, en lugar de portar en sus hombros la honrosa cruz paté, llevaría la terrible esvástica.

Después de algún tiempo buscando el Grial, Otto Rahn acabó perdiendo el favor de Himmler, quien le degradó a vigilante del campo de concentración de Dachau, donde los horrores que vio allí le llevaron a renunciar al partido nazi y a despreciar abiertamente su política. Así, la noche del 13 de marzo de 1939, Otto Rahn subió a la cima de una montaña donde consumó el suicidio cátaro llamado «endura», por el cual, tras unos días de ayuno, el oficiante se quitaba la vida para reunirse voluntariamente con Dios.

A pesar de que la teoría de Rahn resulte seductora, encontramos muchas contradicciones que hacen poco probable que el Santo Grial —ya fuese una copa o una piedra— estuviese alguna vez en poder de los cátaros. La primera es haber vinculado Montsalvatge con Montsegur.

Aunque ambos nombres parecen similares, no podemos asegurar que se correspondan, toda vez que el monte donde se guardó la Copa Papal se llamaba de San Salvador, donde se yergue el monasterio de San Juan de la Peña, por aquel entonces custodio del Cáliz de la Última Cena.

Pero, lo que resulta definitivo, es que Von Eschenbach asegure que los templarios fueron los guardianes del Grial. Sin embargo, si bien los ya no tan pobres comilitones del templo de Salomón no participaron en la cruzada albigense, tampoco hicieron nada para evitarla. Por tanto, aunque sugerente, parece poco probable que el Grial y los cátaros estuviesen realmente vinculados.

> «Unos valientes caballeros tienen su morada en el castillo Montsalvatge, donde se custodia el Grial. Son templarios que a menudo salen a cabalgar lejos, en busca de aventuras».
> *Parzival*. Wolfram Von Eschenbach.

El enigma de Rennes-le-Château

«Concede esta gracia a tu siervo de que viva y guarde tus palabras. Quita el velo a mis ojos y contemplaré las maravillas de tu ley. Peregrino soy yo sobre la tierra, no me ocultes tus preceptos». Salmos 119, 17 a 19.

Cuando leí por primera vez *The holy blood and the holy Grail* de los autores Michael Baigent, Richard Leigh y Henri Lincoln, no pude contener la emoción. ¿Procederían realmente los monarcas merovingios de la estirpe del rey David? ¿No parecía más bien una historia un tanto increíble?

El relato tenía lo necesario para engancharte desde la primera página. Todo comenzó, según ese libro, con lo que pudo haber sido el matrimonio entre María Magdalena y Jesús de Nazareth, cuyo certificado habría encontrado Bérenger Saunière, el cura de un pueblecito llamado Rennes-le-Château, dentro de un pilar de su iglesia.

Bérenger fue ordenado sacerdote en 1879 y nombrado profesor del seminario de Narbona hasta que sus superiores lo desterraran a la humilde aldea de Rennes el 1 de junio de 1885.

Nadie se explica qué pudo pasar. ¿Qué sucedió para que un brillante estudiante, con una carrera tan prometedora, fuera exiliado a un pueblo de las características de Rennes, donde no vivían más de 80 habitantes?

Nuestro prometedor cura, lejos de venirse abajo, empezó a interesarse por el pasado de la región y de sus familias más notables. En 1888, gracias a la herencia del párroco anterior, Bérenger decidió hacer algunas reformas en su iglesia, consagrada a María Magdalena alrededor del año 1059, pero cuya historia se remontaba a la época visigoda.

Con un préstamo cedido además por el ayuntamiento, el sacerdote decidió que era hora de cambiar la losa de piedra del Altar Mayor, que estaba presa de un lado por la pared y descansaba su peso al otro lado en dos columnas. Según cuentan, cuando los albañiles que trabajaban en el Altar Mayor levantaron la gran piedra, encontraron que la columna que tenía esculpida la Cruz del Silencio, estaba hueca.

Saunière, al ver los rostros de asombro de los albañiles, se acercó al Altar para descubrir el hallazgo: Tres tubos de madera sellados con cera y una gran cantidad de monedas de oro.

Inmediatamente echó de allí a los obreros y cerró las puertas de la iglesia, quedándose solo… Lo que Bérenger Saunière encontrara en el interior de aquel pilar, está aún envuelto en el misterio.

Según los autores de *El Enigma Sagrado,* bien pudieron haber sido una serie de pergaminos manuscritos con genealogías que esconderían el secreto de una estirpe ignorada por la historia y borrada por los estamentos de poder; la de los merovingios, herederos de la Sangre Real —o Sang Real— un secreto que habría llegado hasta nuestros días escondido bajo el cuento del Santo Grial, pero que no sería otra cosa que la descendencia de Jesús y María Magdalena.

En 1653 se descubrió la tumba del rey merovingio Childerico I en la ciudad belga de Tournai, donde se hallaron, entre otros tesoros, una colección de abejas de oro a las que nadie ha encontrado explicación. Las abejas, en la tradición judeocristiana, representan a Jesucristo, cuyo mensaje es dulce como la miel. De hecho, no se conoce de misa en la que el trabajo de las abejas no esté presente en la cera de las velas.

La dinastía merovingia acabó con el asesinato de Dagoberto II y Sigeberto IV, aunque algunos autores creen que alguien pudo haber rescatado a Sigeberto IV, lo que derivó en el nacimiento de Godofredo de Bouillon, que a la postre se convertiría en caballero cruzado, ayudando a la conquista de Jerusalén en el año 1099.

Actualmente en el Museo de Rennes-le-Château puede verse una losa llamada de los caballeros, donde aparentemente están representados dos jinetes del Temple a lomos de un solo caballo.

Y, aunque este sea un escudo habitual de los Pobres Caballeros de Cristo, otras teorías apuntan a que el grabado de la orden realmente está mostrando el rescate del último príncipe merovingio y, por tanto, de la supervivencia de la descendencia crística, algo que los templarios habrían conocido muy bien.

No obstante, aparte de seductoras especulaciones, los autores de *El Enigma Sagrado* no aportan ninguna prueba sustancial de que su teoría sea cierta; aunque lo que sí sabemos es que, a partir del momento en que Saunière encontró algo en el pilar de la iglesia de Rennes, aquel cura pobre se hizo muy rico. Y con su riqueza se volvió cada vez más excéntrico.

Amén de las mencionadas restauraciones de la ermita, también mandó que le construyeran una mansión —a la que llamó Villa Betania— en la que vivió junto con su ama de llaves —Marie Dernarnaud— durante toda su vida. Además ordenaría construir una carretera para facilitar el acceso al pueblo —la misma que aún hoy se utiliza para llegar a Rennes-le-Château— y una preciosa torre junto a un desfiladero, a la que bautizó Torre Magdala, que albergó una fabulosa biblioteca.

También se hizo construir un invernadero, un zoológico y se dedicó a hacer realidad algunas locuras, como la de meter dentro de la iglesia una representación del diablo Asmodeo —que puso bajo la pila bautismal— grabando en el dintel de la puerta la frase «Terribilis est locus iste». Génesis 28, 17. O instalar un curioso Vía Crucis cargado de significados ocultos, como el de un retoño envuelto en una tela escocesa azul —estación VII.

En el lado derecho del Altar Mayor, Saunière ordenó colocar también una talla de la Virgen sosteniendo un niño. Pero, en el lado izquierdo, vemos que san José lleva en brazos a otro niño. Los dos retoños sugieren la idea de que uno de ellos era Jesús y el otro su hijo, pues según la teoría que suscitaron Lincoln, Baigent y Leigh, Jesús era padre de una niña llamada Sara, la cual habría escapado de Jerusalén y llegado con María Magdalena y José de Arimatea hasta Marsella.

La tradición occitana asegura que la ciudad donde desembarcaron fue Saintes Maries de la Mer. María Magdalena, por su parte, se habría trasladado a vivir a una cueva situada en un macizo montañoso cerca de Marsella, conocida hoy como

Sainte Baume —o la Santa Cueva— mientras José de Arimatea habría continuado hasta Glastonbury.

No obstante, como ya hemos mencionado, aparte de la tradición local, no tenemos ninguna prueba que respalde dicha teoría.

Con el tiempo, Saunière fue acusado formalmente de simonía y cesado en su cargo. Pero, lejos de venirse abajo, no solo no abandonó el pueblo, sino que siguió ejerciendo sus funciones como párroco desde su mansión.

Si extraña fue la vida del cura de Rennes-le-Château, su muerte no se quedó atrás. Bérenger Saunière falleció el día 22 de enero del 1917. Antes de agonizar, mandó llamar al párroco de una de las aldeas cercanas para que le suministrase la extremaunción. No obstante, instantes después de confesarle, el sacerdote de la localidad vecina salió del cuarto de Saunière con el rostro desencajado, negándose a darle el último sacramento.

Nadie sabe a ciencia cierta lo que Saunière le reveló a aquel pobre hombre, pero lo cierto es que, después de oírle en confesión, huyó de allí como alma que lleva el diablo.

A raíz de todo esto, podemos barajar la teoría de que Saunière podría haber confraternizado con algunas de las numerosas sectas y movimientos esotéricos y luciferinos que medraron en París en aquella época, lo que justificaría sus nutridos viajes a la capital francesa, así como el diablo dentro de la iglesia y, sobre todo, la copia de la pintura de Nicolas Poussin, *Los Pastores de la Arcadia* que se empeñó en adquirir para poner en Villa Betania. En ella vemos a un grupo de pastores alrededor de una tumba, que son observados por una enigmática mujer, donde, en uno de los laterales del sepulcro se muestra la leyenda *Et in Arcadia ego* —«Y en Arcadia, yo»— una frase sin verbo.

A finales del siglo XIX, Francia se vio sacudida por una ola de escepticismo que comenzó también a remover toda Europa, respaldada por la publicación de la teoría de la evolución biológica de las especies de Charles Darwin, lo cual, según algunos pseudo-científicos, destronaba la existencia de Dios. Por tanto, ¿qué mejor manera de reivindicar las ideas de un cura un tanto excéntrico que hacerse con un cuadro donde la frase principal careciera de verbo?

Empero el latín es un lenguaje que permite omitir el verbo en algunas de sus estructuras elípticas, por lo que, aunque no pueda verse, el verbo no deja de estar presente. Y tal vez esto sea una pista para ponernos en alerta de que la pintura, como sucede con los textos hebreos, contiene un mensaje oculto a simple vista. Algo que sin duda conoció el párroco de Rennes.

Numerosos autores han asegurado que *Et in Arcadia Ego* es realmente un código anagramático, por lo que decidí seguirles el juego y también yo me atreví a darle la vuelta a algunas palabras. Cabe destacar que la frase que descubrí tiene para mí un significado bastante más inquietante. *In Arca Dei et Ego* —El Arca de Dios y yo—. ¿Pudo haber estado el Arca de la Alianza enterrada en la tumba que Poussin representó en su cuadro o en las inmediaciones de esta? ¿Qué tiene que ver el cuadro con Rennes-le-Château?

Si prestamos atención a la obra pictórica, uno de los pastores parece señalar la palabra *arca* mientras los demás se afanan en contemplar a la mujer, la cual ha sido asociada con una emanación de la sabiduría.

Curiosamente, este no fue el primer cuadro que Poussin pintó sobre el tema. La primera versión se encuentra expuesta en Chatsworth House, Derbyshire, en la cual los protagonistas han cambiado su sitio con la mujer, la tumba es algo distinta, el pastor no señala el principio de la palabra *Arcadia*, sino el final, y tampoco puede verse el monte Cardou en el horizonte.

Cerca de Rennes, camino al vecino pueblo de Arqués, se levantaba antiguamente una tumba de piedra muy parecida a la que muestra el cuadro de Poussin. No obstante, en el 2004, cuando decidí visitarla, encontré que el dueño del terreno —con el que tuve una fuerte discusión cuando me descubrió contemplando el basamento que aún quedaba de la estructura— la hizo volar sin razón aparente y sin que ninguna autoridad francesa le pidiese explicaciones.

Cabe suponer que, si el pintor francés decidió rehacer su cuadro, fue porque no quedó contento con el primero, o porque olvidó plasmar en él algo importante... y uno de los detalles nuevos es el monte que tenía enfrente de mí, un monte no exento de misterios. Con todo, empeñarme en buscar un tesoro enterrado en mitad de un páramo sin el equipo adecuado, y con pistas tan vagas, no me pareció la mejor idea en aquel momento.

Por sus continuas desavenencias con la jerarquía de la Iglesia católica, no es de extrañar que, desde el principio, el párroco de Rennes tuviera opiniones revolucionarias que tal vez se vieron reforzadas por su amistad con el estudioso de lenguas antiguas Émil Hoffet, del cual se sabe que se relacionaba con la mayoría de las logias secretas de la ciudad; y con Emma Calvé, una famosa cantante de ópera y espiritista de quien se dijo que pudo haber sido su amante.

Si añadimos a lo anterior que posiblemente el párroco encontrara un tesoro dentro del pilar del Altar Mayor de su iglesia, y que tras esto se pasó toda la vida buscando algo más en las inmediaciones, sencillamente nos encontramos con la emocionante historia de un buscador de misterios que tal vez nunca tuvo nada que ver con una conjuración mundial que soñaba con destronar la supuesta descendencia de Cristo, aunque puede que, al fin y al cabo, una estirpe davídica sí se haya colado en la historia.

Los Pastores de la Arcadia. (*Et in Arcadia ego*) Nicolás Poussin. Museo del Louvre.

Rosslyn Chapel

«Si quieres encontrar el cadáver de Jesús, búscalo entre los sepulcros de tu propia miseria. Si quieres encontrar al Cristo resucitado, búscalo en tu propia alma». *Juicio a Dios.*

Antes de que Dan Brown se inspirara en *El Enigma Sagrado* de Henry Lincoln, Michael Baigent y Richard Leigh, para su novela *El Código da Vinci* la capilla de Rosslyn ya era un lugar de peregrinación para los amantes del misterio, quienes creen sinceramente que este lugar pudo ser el custodio, al menos temporalmente, del tesoro de los templarios.

Cuenta la tradición que el caballero William St. Clair comenzó a construir la iglesia allá por el año 1446, junto a su castillo, lo que, a la postre, hizo que en torno a las dos edificaciones, los trabajadores formaran la aldea que todavía hoy se conoce como Villa Rosslin.

El proyecto original duró cuarenta años y pretendía ser mucho más grande, con dos naves anexas de treinta metros, no obstante, la muerte de William St. Clair, en 1484, precipitó los acontecimientos y paralizó las obras.

Durante décadas se ha relacionado el lugar con la Orden del Temple quizás por la lápida sepulcral que se encuentra en la entrada norte —actual acceso para visitantes— donde se anuncia el nombre y título de quien está enterrado aquí: «William St. Clair, Caballero Templario». Sin embargo, como hemos visto, la Orden del Temple fue disuelta unos ciento cincuenta años antes, por lo que nada más entrar ya nos toparemos con el primer misterio.

Desde que se construyera, el simbolismo de su mampostería ha hecho correr ríos de tinta tanto a los que aseguran que es un enclave maldito, como para los que piensan que guarda el secreto de un conocimiento ancestral.

Haciendo un recorrido por sus tallas, nos encontraremos con al menos tres «hombres verdes», símbolo de la naturaleza y emblema del paganismo —uno de ellos situado en el Altar Mayor, donde debería haber algún retablo más acorde a la iconografía católica.

Semejante a Rennes-le-Château, en Rosslyn, el diablo Asmodeo, guardián de tesoros, también nos da la bienvenida mientras podemos ver cómo dos enamorados huyen de él, dirigiéndose al ángel que tienen enfrente —aunque a mí me parece que lo que realmente pretenden es salir de la iglesia a toda prisa—. Pero esa no será la única conexión entre la capilla francesa y esta iglesia. Recordemos que en la estación número siete del Vía Crucis de Rennes-le-Château, aparece a los pies de Jesús un niño envuelto en lo que parece ser un kilt —falda escocesa— de color azul.

En la cripta encontraremos, casi disimulada, la enigmática talla de un ángel vuelto de espaldas llevando dos niños en brazos, los cuales asoman sus cabezas por encima de los hombros del querubín, lo que acabará de conectar este lugar con la capilla occitana. Pero, uno de los platos fuertes de Rosslyn Chapel es sin duda la talla del maíz indio, originario de Norteamérica, que se encuentra encima de la primera ventana tras salir de la cripta, ya que, como todos sabemos, América no fue «descubierta» hasta 1492. Por tanto, ¿cómo puede haber aquí vestigios de un lugar al que todavía no se había llegado? Pero, sobre todo, ¿por qué?

Si viajamos a través de la historia de la familia St. Clair, descubriremos que el abuelo de Sir William, Enrique I —este sí, caballero templario— participó en una supuesta expedición por Groenlandia, por lo que tal vez llegara a América mucho antes que Colón. Pero nuestro ilustre explorador no solo habría viajado hasta Norteamérica, también se le conoce una incursión por Etiopía, donde los caballeros templarios estuvieron muy presentes dada la amistad que les unía con el rey de las mil abejas, más conocido como Gebre Meskel Lalibela.

Sabemos que, tras acusarlos de herejía, a partir de 1307, los templarios fueron perseguidos por toda Europa, no así en Escocia, donde Robert de Bruce hizo oídos sordos a la orden papal, protegiendo —o mejor dicho, ignorando— a los Pobres Caballeros de Cristo. Por tanto si, como creemos, en realidad el rey Felipe el Hermoso ambicionaba hacerse con el tesoro de los caballeros del Temple, es posible que un barco —o trece según algunas crónicas— saliera desde el puerto de La Rochelle cargado con tesoros inimaginables, y que desapareciera para siempre en el mar.

O puede que en realidad el maíz indio que asoma en esta capilla sea un indicio de dónde se encuentra actualmente el tesoro de la flota perdida del Temple.

Con todo, si todavía alguien duda que la talla del maíz pueda ser una clara alusión a América, también podemos encontrar otra de las plantas oriundas de aquel continente, el Trillium, situado en el techo anexo al baptisterio.

Ya en el extremo oeste podremos toparnos con el famoso «Pilar del Maestro», una hermosa columna bellamente decorada que sin embargo desluce al lado de la que hay al otro extremo, llamada el «Pilar del Aprendiz».

Cuenta la leyenda que, cuando el jefe de los canteros tuvo que ausentarse, pidió a su discípulo preferido que terminase de decorar la columna. El discípulo, inspirado por un sueño, la esculpió tal como podemos apreciarla. Pero, cuando el maestro regresó y vio la belleza de la obra, en un ataque de celos, asesinó al joven, lo que puede hacer alusión a la persecución de los pobres conmilitones del templo de Salomón por la Iglesia católica. No obstante, resulta igualmente curioso comprobar que dicha columna se soporta por un dragón —otro símbolo pagano— de cuya lengua sale la profusa decoración que rodea la ermita.

Si levantamos la cabeza en el dintel del ala izquierda podremos admirar, para quien tenga buena vista, una talla con las siete obras de misericordia y los siete pecados capitales. Pero, lo que más llamará la atención es que, en las obras de misericordia se ha colado uno de los pecados capitales, la avaricia; y en el extremo de los pecados capitales se ha colado una obra de misericordia, la caridad.

Aunque, a todas luces, los símbolos de esta capilla parecen indicar que la familia St. Clair pertenecía a una sociedad secreta, y que además protegieron una sabiduría que tal vez hoy se encuentre al otro lado del Atlántico, la magia y el misticismo del lugar bien merece la pena la visita, a pesar de una mujer que me encontré por el camino, la cual me advirtió que no me atreviera a entrar, pues según ella, la iglesia estaba cargada con una energía tan densa y oscura, que lo más seguro sería que me afectara profundamente. Esa energía, siguió explicándome, era propia de los lugares de culto al diablo… como Rennes-le-Château.

Rosslyn Chapel, entrada al baptisterio.

Menelik I y las dos arcas

«Renuncio a escribir más sobre lo que he visto aquí porque sé que nadie me creería». Francisco Álvares.

Cuando le pregunté a Matthew, mi contacto en Etiopía, qué necesitaba para obtener la bendición del guardián del Arca de Santa María de Sion, tras unos segundos de silencio telefónico, finalmente me dijo: «Un billete de ida para Aksum con la vuelta abierta...».

Trilladas ya las dos anteriores opciones: la posibilidad de que los templarios se hicieran con el Arca, y la de las tradiciones hebreas que me condujeron hasta la tumba de Moisés, solo me quedaba la tercera opción, la de que el Cajón del Pacto se hubiese sacado muy lejos de Jerusalén en tiempos pretéritos y fuera llevado a un lejano país para ponerlo a salvo de las incursiones egipcias, caldeas, sirias y demás.

Etiopía huele a aventuras y sueños como los de Allan Quatermain y el doctor Livingstone. Como yo mismo pude comprobar, la antigua Abisinia es el único país del planeta donde se conservaba viva la tradición del Arca —que aquí llaman *Tabot*— y que se esconde en una pequeña capilla anexa a la iglesia y monasterio de Santa María de Sion en Aksum.

El *Kebra Nagast*, o *la Gloria de los Reyes*, es el libro donde quedó registrada la historia de amor entre la reina Makeda y el rey Salomón, así como el nacimiento del hijo de ambos, Bayna Lehkem, también conocido como Menelik I.

Etiopía es un lugar mágico donde los recuerdos del pasado

han venido contándose de boca a oreja con el pasar de los años. Apegados a ritos y tradiciones que desaparecen en el albor de los tiempos, nadie creyó necesario hasta la Edad Media poner algunas de esas historias por escrito, sobre todo para una población mayoritariamente analfabeta. Leyendas que siguen pasándose de padres a hijos las noches de plenilunio, arropados por el calor de las hogueras, mientras las mujeres preparan el puchero de café especiado con cardamomo que suele acompañar todas las veladas. Por esa razón, los relatos que vienen contándose en los distintos lugares de la geografía etíope, no tienen por qué coincidir exactamente con las historias que encontramos en los legajos escritos, ya que cada familia es portadora y a la vez guardiana de los distintos matices de una misma historia que, por desgracia, no recogen los textos.

Según el *Kebra Nagast*, a los veintidós años el príncipe Menelik deseó conocer a su padre y puso rumbo a Israel, donde, la gente que lo veía, lo confundía con el rey incluso estando Salomón presente —cosa curiosa esta dado el color oscuro de la piel del muchacho—. Tras pasar algún tiempo junto a su padre, Menelik, a pesar de las objeciones de Salomón, decidió regresar a Etiopía para reinar allí, por lo que Salomón le haría acompañar de lo más granado de los hijos de los sacerdotes, los cuales se encargarían de educar al pueblo abisinio en la ley del Dios de Israel y abolir el culto al sol y a la luna imperante hasta entonces. No obstante, antes de marcharse, el hijo del Sumo Sacerdote Sadoq, llamado Azarías, alentado por un ángel del Señor, cambió el Arca por unos trozos de madera y la sacó por un pasadizo secreto del templo, ocultándola entre los enseres de los carros.

Cuando la comisión se despidió de Jerusalén, cruzó la frontera de Egipto sin ningún problema hasta acampar en el Mar Rojo, a los pies del monte Horeb, donde los levitas confesaron a Menelik lo que habían hecho. Resignado, el joven levantó el campamento y partió de nuevo rumbo a Etiopía llevando consigo el insigne tesoro. En ese mismo momento, la leyenda afirma que Salomón descubrió el engaño y que se dispuso a marchar contra ellos. No obstante, antes de salir con los carros de combate, Sadoq le recordó que, cuando el Arca fue robada por los filisteos, se volvió contra sus captores con toda serie de plagas y desastres, hasta que finalmente tuvo que ser devuelta a Israel. Por tanto, si no era voluntad de Dios que el Arca permaneciera en Etiopía, sus raptores no tardarían en devolvérsela… Algo que aún no ha pasado.

Tras esto, como también podemos leer en la Biblia, Salomón se dejó engañar por sus numerosas mujeres y fue detrás de ídolos extraños, rompiendo así su alianza con Yahvé. Mientras, en Aksum, una floreciente y nueva raza judía, los falashas, siguió dando culto al único Dios en tanto su reino prosperaba alrededor de la Señora de Sion.

Confieso que, cuando escuché por primera vez la historia de la procedencia judía de los mal llamados falashas —exiliados— no le di la menor credibilidad. Asimismo, que el Arca de la Alianza hubiese salido de Israel y llegado hasta Etiopía, no me parecía serio; sin contar con la casi total falta de documentación digna de confianza. Como digo, eso fue antes de visitar el país.

Etiopía se debate entre su pobreza extrema y su riqueza cultural. Si bien es un país pobre, también es rico en sonrisas y en tradiciones ancestrales propias del antiguo culto hebreo, que poco o nada tienen que ver con el canon moderno del judaísmo rabínico con bases talmúdicas, motivo por el cual Israel ha tenido que reconocer a los falashas como legítimos descendientes de algún grupo de judíos exiliados en algún momento de la historia, haciéndoles un hueco en su nuevo Estado no sin antes tener que lidiar con numerosos problemas por parte de los ortodoxos.

Etiopía, orgullosa y altanera en sus tradiciones, se destaca sobre cualquier otro país de su entorno por la fuerza de sus costumbres, totalmente ajenas a las de sus vecinos quizás por haber sido el único país en no ser conquistado por una potencia extranjera —exceptuando los cinco años de ocupación de la Italia de Mussolini, de 1936 a 1941— replegándose sobre sí mismo para permanecer intacto a la influencia islámica y animista.

Aunque su actual religión sea el cristianismo ortodoxo etíope, que bebe de fuentes coptas alejandrinas, sin embargo hay una fuerte impregnación de antiguos rituales hebreos que no pueden ser explicados sino por la conversión de sus antiguos habitantes en algún momento de su historia a la religión mosaica. Conocedores de esto, actualmente ningún etíope se atreve a cuestionar que el Arca de la Alianza llegara hasta aquí, y mucho menos que aún se conserve en Aksum, a pesar de los intentos por parte de distintos grupos internos y externos de robarla y de rebatir esta suposición a lo largo de los siglos.

Como prueba de ello, debo reconocer que me sorprendió descubrir que los hombres, sobre todo los sábados con la caída del sol, suelen vestir sobre los hombros un echador semejante al *talit* hebreo —siempre blanco y a veces incluso ribeteado en sus extremos por un par de franjas azules— propio del judaísmo, con el cual se dirigen a las iglesias que se reparten en las ciudades para escuchar el oficio religioso.

La festividad más solemne del pueblo etíope es sin duda la Epifanía del Señor —Timkat— donde la tradición hebrea confluye con la cristiana en un todo armonioso que consigue llevar al éxtasis a la mayoría de la población durante la celebración de la fiesta. Todos los 19 de enero, las iglesias etíopes sacan en procesión sus copias del Arca de la Alianza —envueltas en telas, como manda la tradición, para que viendo, no vean— mientras diversas personas danzan delante del cortejo a la vez que otros tantos tocan instrumentos tales como los tambores —*keberos*—, sistros —una especie de sonajero de procedencia egipcia—, flautas —*washit*— y liras —*baganna*— tal como hizo el rey David al trasladar el Arca de la casa de Obededom a Jerusalén.

Esta tradición, sin duda de procedencia hebrea, es culminada cuando las aguas de algún estaque cercano son bendecidas y todos los asistentes se lanzan a ellas para bautizarse como Jesús en el Jordán.

La Biblia reconoce claramente que, ya en el siglo VIII a. C., algunas tribus judías estuvieron asentadas en Etiopía; e Isaías profetiza además el regreso de estas con el advenimiento del Mesías, lo que nos indica que, antes de aquella época, alguna colonia hebrea debió partir de Israel y descender hasta aquí.

«Acontecerá en aquel tiempo que Yahvé alzará otra vez su mano para recobrar el remanente de su pueblo que se encuentre en Asiria, Egipto, Patros, Etiopía, Elam…».

Isaías 11, 11.

Como hemos mencionado, antes de la invasión asiria de los territorios del norte, Israel no sufrió más amenaza que la de sus propios reyes apóstatas, los cuales siguieron la estela de Jeroboam —exceptuando las incursiones del rey Hazael, que sin embargo no llegó a entrar en Jerusalén a cambio del cobro de un fuerte tributo—. Por tanto, tal vez algunos sacerdotes y comunidades fieles al Dios de Israel se vieron obligadas a emigrar a tierras limítrofes como Elam, o a bajar hasta Etiopía, donde se habrían establecido, continuando así con sus rituales y costumbres. Tradiciones que aún hoy se mantienen, como la circuncisión de los niños ocho días después de su nacimiento, el ayuno impuesto para las diferentes festividades, así como todo un código de pureza ritual, tanto para hombres como para mujeres, que les impide por ejemplo entrar en los lugares sagrados durante la menstruación, tocar un cadáver —e incluso rozar a un infiel— y la ingesta de los animales prohibidos por el libro del Levítico, como la liebre, el cerdo, el camello, la langosta, la ostra, etc.

Por esta razón, es común ver que muchas personas oran en los muros y puertas de las iglesias, o incluso bajo las ventanas, para de esa manera guardar la distancia correspondiente a su grado de pureza.

Por mucho que distintos autores sostengan que la historia de la descendencia etíope del rey Salomón y el robo del Arca no es más que una falacia, a tenor de los hechos que encontramos en la Biblia, y de las tradiciones locales, no resulta descabellado pensar que, en algún momento tras la muerte de Salomón, los seguidores del culto yahvista huyeran de Israel llevándose consigo uno de los objetos centrales de su religión.

Aunque el *Kebra Nagast* asegura que los hijos de los sacerdotes que acompañaron a Menelik robaron el Arca, la versión que Matty me contó variaba en este sentido. Según la tradición de la familia de mi amigo y guía, Menelik no robó el Arca, sino que fue el propio Salomón quien se la entregó como muestra de su cariño, ya que lo amaba a él más que a ninguno de sus otros hijos, motivo por el cual quiso que se la llevara de Jerusalén antes de que Roboam subiera al trono. Y, como dije anteriormente, no me parece descabellado pensar que algo así pudiera haber pasado, lo que curiosamente coincidiría con las escenas del traslado del Arca que encontramos en la catedral de Chartres. En las cuales, no sería Jeremías quien puso el Arca sobre el carro, sino el propio Salomón. No obstante, lo que ahora me preguntaba era: ¿Cuál de las dos Arcas fue la que se llevó Menelik?

Mientras estuve en Lalibela tuve la suerte de poder presenciar las celebraciones del Meskel —*el hallazgo de la Vera Cruz por santa Elena*— lo cual no hizo sino sumirme más en el desconcierto.

A eso de las cuatro de la tarde, como en el Timkat, decenas de monjes y sacerdotes sacaron en procesión algunas reproducciones del Arca entre música de tambores, sistros y flautas, hasta llegar al lugar donde se llevarían a cabo los bailes y cánticos tradicionales, rodeando un gran montón de troncos rematados por una cruz, preparados para ser prendidos con el despuntar del alba. Matty, que disfrutaba tanto o más que yo dando palmas y tarareando algunas de aquellas viejas canciones, señaló a uno de los monjes que llevaba sobre la cabeza una plancha de madera, que yo pensé sería algún icono sagrado, envuelta en telas de diversos colores.

—Ahí llevan el Arca —dijo sonriendo.

—¿Dónde? —me atreví a preguntar buscando la silueta de un cajón, aunque estaba claro que mi acompañante se estaba refiriendo a aquella especie de plancha.

—¡Ahí! —contestó— ¿Es que no la ves? La tienes delante.

No podía entender lo que estaba pasando.

—Pero eso no es el Arca —me atreví a replicar—. Es solo una tabla o algún icono —insistí.

—¡Eso es el Arca! —sentenció Matty mientras seguía dando palmas y cantando en ge´ez algo ininteligible para mí. ¿Qué significaba aquello? ¿Cómo podía un trozo de madera o piedra ser el Arca de la Alianza? Nada tenía sentido.

Sumido en mis cavilaciones, no pude disfrutar todo lo que hubiese querido de los cánticos y de la música sacra etíope. Imágenes y sonidos rescatados de las fauces del tiempo, desde el siglo VI, cuando el santo Yared los interpretara por primera vez al entonces rey Gebre Meskel después de que los ángeles se los hubiesen transmitido a través de tres pajarillos bajados del cielo.

Cuenta la tradición que Yared, cada vez que tocaba el Zema —lo que después sería la semilla de la música religiosa— tanto él como los que estaban a su alrededor caían en éxtasis, motivo por el cual el rey, el cual seguía el ritmo de la música golpeando el suelo con su lanza, sin querer atravesó el pie del santo, quien sin embargo no se dio cuenta hasta que acabó de tocar.

San Yared no solo compiló decenas de canciones devocionales, también construyó la mayoría de instrumentos que todavía se utilizan para interpretarlas, incluido el bastón —*Mekuania*— heredero según se cree del de Moisés, el cual sirve también para apoyarse durante el oficio religioso —que para la Iglesia ortodoxa etíope dura algo más de tres horas, y durante el cual hay que estar de pie— e incluso para seguir el ritmo de la música.

Concluida la ceremonia, decidimos entrar en el recinto arqueológico para disfrutar de las iglesias antes de la puesta de sol. Al despuntar del día siguiente se prendería la hoguera y, dependiendo de dónde cayera la cruz, así se vaticinaría si iba a ser un buen año o todo lo contrario.

Lalibela es una de las dos ciudades santas etíopes junto con Aksum. Cuenta la leyenda que su rey, del cual deriva el nombre de la ciudad, fue rodeado de abejas cuando acababa de nacer, por lo que su madre exclamó: «¡Lalibela!» —que quiere decir, las abejas reconocen su majestad.

A medida que el muchacho fue creciendo, los celos también fueron devorando el corazón de su hermano Kedus Harbe y de su tío Tatadim, quienes incluso intentaron asesinarle, motivo por el cual emigraría junto a su mujer a Jerusalén. Pasado el tiempo —sigue la leyenda— un ángel le ordenó regresar a su tierra y construir una nueva Jerusalén, a semejanza de la primera, con la ayuda de las legiones celestiales, ya que los musulmanes pronto tomarían la capital del Reino de los Cielos... como así pasó.

A su regreso a Etiopía, Lalibela recuperó el trono de su padre y ordenó construir en la antigua ciudad de Roha once iglesias excavadas en la roca que hoy son una de las obras más impresionantes del arte pétreo medieval.

Como si de un mapa espiritual se tratase, las ermitas se dividen en dos grupos separados por un río que también se llama Jordán —*Yordanus*— y que representan por una parte la Jerusalén terrestre y por otra la Jerusalén celestial.

> «Me trasladó en espíritu a un monte grande y alto, y me mostró la Ciudad Santa de Jerusalén, que bajaba del cielo, de junto a Dios, y tenía la Gloria de Dios. Su resplandor era como el de una piedra muy preciosa, como jaspe cristalino».
>
> Apocalipsis 21, 10-11.

Para su construcción se trajeron incluso olivos del Getsemaní y tierra de la Ciudad Santa de Jerusalén.

El diseño de los templos etíopes heredó la división hebrea del templo de Salomón, quien a su vez la había adquirido de los egipcios, con tres partes que delimitaban cada una un estatus de sacralidad.

Todas las iglesias etíopes suelen estar orientadas de este a oeste, ya sean circulares, cruciformes o rectangulares. El Qenet Mahalet es la antesala o vestíbulo, donde a veces también se ubican los músicos. El Qeddesh es, a modo del Helaj, el lugar central donde se realiza la ceremonia del culto. Y el Qeddush Qeddushan corresponde al Santo de los Santos, donde el sacerdote de turno tiene oculta su *tabot* a resguardo de miradas indiscretas.

Los sacerdotes pueden ser monjes o estar casados. Su formación es escasa y lo único que se les exige es que conozcan el ge´ez —antiguo idioma de origen semítico propio de Etiopía.

Por otro lado, los dabtaras son clérigos seglares encargados del Zema, la música que bebe de las composiciones y reglas que estableció san Yared en el siglo VI.

Siguiendo el curso del camino, la primera iglesia en aparecer será Beta Medhane Alem —la Casa del Salvador— construida imitando la antigua iglesia de Santa María de Sion, donde se guardaba el Arca de la Alianza, destruida primero por Gudith y luego por los musulmanes, por lo que el Arca tuvo que trasladarse al lago Zwai.

La siguiente iglesia es Beta Mariam —la Casa de María— quizás la más bella y misteriosa de todas, con permiso de Beta Gólgota, que veremos más adelante. En esta «relativamente pequeña» edificación, que se encuentra en medio de un patio que rompe el nivel del suelo, podremos encontrar grabados de diferentes cruces, entre ellas, ¿cómo no? cruces patadas, cruces suásticas —esvásticas— y estrellas de David esculpidas en sus muros externos e internos, aunque quizás lo más interesante se encuentre en el interior…

Dejando el Altar Mayor a la derecha, tendremos que fijarnos muy bien en la dovela central del arco de la capilla izquierda, donde, si tenemos buena vista, podremos admirar una pintura de la Virgen María yendo a Jerusalén para asistir a su prima santa Isabel, embarazada de Juan el Bautista. Pero lo que más nos llamará la atención será que el artista haya elegido, para representar Jerusalén, la mezquita Al Aqsa rematada con cruces, algo que solamente ha sucedido cuando fue cuartel general de la Orden del Temple, tal vez la prueba más evidente de la vinculación entre el rey Lalibela y la orden de los Pobres Caballeros de Cristo.

Pero los misterios de esta iglesia no han acabado. Justamente en el centro, detrás del *Sancta Sanctorum*, podremos distinguir el llamado Pilar Maestro —o *Amd*— cubierto por un velo ya que, según la tradición local, la columna brilla más que el sol.

Los monjes que la custodian aseguran que el rey Lalibela habría visto al mismísimo Jesucristo celebrando la Eucaristía en este lugar, y que si ese velo se quitara, su resplandor sería demasiado peligroso para las personas, lo que sin duda podremos vincular con los poderes que se le atribuyeron al Arca de la Alianza, por los cuales los Sumos Sacerdotes tenían que entrar en el *Dvir* del templo de Jerusalén quemando incienso para que el brillo que emanaba de la reliquia no les quemara los ojos. Más si cabe cuando algunas leyendas afirman que tras ese velo están grabados los Diez Mandamientos, prácticamente calcados de las Tablas originales escritas por el dedo de Dios que se esconden en la iglesia de Aksum. No obstante, la pregunta sería: ¿cómo pudo el rey Lalibela calcar las palabras de las Tablas de la Ley si no poseyó el Arca?

Alrededor de Beta Mariam se encuentran las iglesias de Beta Meskel —la Casa de la Cruz— y Beta Denagel —la Casa de las Vírgenes Mártires— que según la tradición, se edificó en honor a las cincuenta monjas que fueron asesinadas por el emperador Juliano el Apóstata.

Siguiendo el camino hacia el siguiente patio, nos encontraremos con Beta Mikail —la casa del ángel san Miguel— y con Beta Gólgota — la Casa del Monte de la Calavera— donde se encuentra la capilla mortuoria del rey Lalibela. Este oratorio guarda, además de la cámara fúnebre de uno de los reyes más queridos y venerados de Etiopía, una sala subterránea con lo que, algunas leyendas afirman, sería una copia del Arca de la Alianza original. Como cabría esperar, ni la tumba, ni esa supuesta cámara subterránea, están abiertas al público.

Por último, como en la iglesia de la Anástasis en Jerusalén, nos toparemos con la Tumba de Adán, un monolito donde se supone que estuvo sujeta la cruz de Cristo.

Al otro lado del Jordán, la Jerusalén celestial comienza con la iglesia de Beta Gabriel y Rafael, que se levanta flanqueada por un muro que simboliza el camino al Paraíso, delgado y angosto, por el que, advierten los monjes, si te desvías a derecha o a izquierda, caerás al abismo de la muerte.

Una grieta abierta en la roca madre sugiere que, bajo la actual construcción, debe haber alguna otra cámara más que, por alguna extraña razón, las autoridades eclesiásticas no están dispuestas a permitir que se abra.

Beta-Lehem —Belén— es una capilla tras un oscuro pasadizo subterráneo que los oriundos llaman el Infierno por encontrarse bajo tierra y estar totalmente a oscuras.

Beta Abba Líbanos fue un capricho de la esposa del rey Lalibela en recuerdo de un santo local llamado Abba Líbanos.

Beta Emmanuel —la Casa de Dios con Nosotros— se considera que pudo haber sido la capilla privada de los reyes, muy semejante a Yemrehanna Kristos —El camino de Cristo— tal vez una de las iglesias más antiguas de la región, que se encuentra sobre un monte no lejos de la ciudad. Sus siete ventanas simbolizan los siete cielos.

En Beta Mercurios —un mártir del siglo III— podremos admirar una pintura que nos recordará la leyenda de los tres Reyes Magos, aunque desafortunadamente se encuentra en muy mal estado.

Por último llegaremos a Beta Giorgis —la Casa de san Jorge—. Esta iglesia se considera aparte de las otras once. Su imagen cruciforme es la más divulgada por los tour-operadores turísticos para promocionar las iglesias monolíticas y semi-monolíticas de Lalibela. Y lo cierto es que no es de extrañar, ya que la construcción no podría ser más impactante. Su silueta se yergue desde un patio que desciende unos quince o veinte metros el nivel del suelo para mostrarnos una cruz latina perfecta en sus dimensiones.

Según la tradición, el mismo san Jorge, enfadado porque el rey Lalibela no se acordó de él ni siquiera para ofrecerle un icono en el complejo, se le aparecería para expresarle su malestar, por lo que el monarca acabó jurando que le construiría la iglesia más bella de todas, como así fue.

Aunque, a día de hoy, la ciencia no puede explicar cómo pudieron construirse estas once/doce joyas del arte rupestre en tan solo veinticuatro años, la tradición es menos meticulosa, pues asegura que por el día los hombres tallaban la piedra, pero por la noche los ángeles les daban el relevo.

Desde que un miembro de las legiones celestes se apareciera al rey Lalibela en Jerusalén para ordenarle que regresara a su tierra y excavara estas iglesias, hasta la construcción de las mismas, la leyenda de esta nueva Jerusalén ha estado muy vinculada con los ángeles. No obstante, al mirar detenidamente los iconos y frescos que todavía quedan, no pude pasar por alto comprobar que todos los ángeles que se representan en este lugar son figuras de rostros blanquísimos.

A pesar de mis esfuerzos, no hallé en Etiopía ninguna representación en iconos, pinturas o esculturas de ningún ángel negro, por lo que me atrevo a deducir que, tal vez, al llegar a Roha, el rey Lalibela se trajo ayuda de unos «ángeles» de rostros inmaculados, vestidos también de blanco, con cruces patadas sobre el hombro, que conoció en Jerusalén. Los cuales, además, eran famosos por ser grandes constructores y proyectistas, creando un nuevo estilo arquitectónico en su tierra, el gótico.

Las cruces patadas en la mampostería de las iglesias etíopes de Lalibela, así como las que se encuentran en el museo de la Plaza de los Obeliscos de Aksum, sugieren un posible lazo de unión entre la Orden del Temple y el rey Gebre Meskel, más si cabe cuando en Beta Mariam, como ya hemos mencionado, encontramos un fresco donde la Virgen sale de Nazareth y se dirige a Jerusalén para ver a su prima Isabel, utilizando como símbolo de Jerusalén la imagen de la mezquita Al Aqsa rematada con cruces, sede de los caballeros del Temple.

Si unimos todo esto a que posiblemente el fundamento último de la orden de los Pobres Conmilitones del templo de Salomón, desde el principio, fue el de encontrar el Arca de la Alianza. Y si, como asegura la tradición, el Arca estaba, y está, en Etiopía, no podemos negarnos a la más que posible conexión y cooperación entre el rey Lalibela y los ángeles templarios.

Beta Giorgis es un lugar que invita al recogimiento. A la vista de todo lo anterior, mi mente no paraba de dar vueltas al hecho de que, para la tradición etíope, el Arca pudiera ser tanto un cajón como una tabla.

Si mi primera intención al venir a Etiopía era la de conseguir respuestas, no hacían sino multiplicarse las preguntas. Según mis investigaciones previas, parecía coherente pensar que un grupo hebreo hubiese llegado hasta estas tierras en un período anterior al año 800 a. C. huyendo tal vez del faraón Sisaq, de Jeroboam, o de los reyes herejes de Israel.

También podía aceptar la posibilidad de que ese grupo se remontase algo más atrás en el tiempo y que el *Kebra Nagast* estuviese en lo cierto al afirmar que el rey Salomón y la reina de Saba tuvieron un hijo en común que fue el responsable de conducir al país al judaísmo, pero no veía el motivo justificado por el cual los etíopes representaban sus *tabots* como arcones sin querubines, e incluso como tablas rasas.

Sin poder extraer de Matty las respuestas que tanto ansiaba, decidí poner el dedo en la llaga preguntando directamente al monje que custodiaba la iglesia de san Jorge. El hombre, menudo, de piel oscura, ojos curiosos y envuelto en un manto blanco, se vio sorprendido por mis preguntas.

—Quiere saber si eres judío —dijo Matty intentando disimular su sonrisa.

—No, dile que soy cristiano, pero que quiero saber por qué la tradición etíope representa el Arca de la Alianza como un cajón y a la vez como una plancha de madera o de piedra.

Mientras Matty traducía mis palabras, noté cómo el corazón comenzaba a latirme más deprisa.

—Dice que el Arca de verdad está aquí, en Etiopía, en Aksum —tradujo Matty.

—Eso ya lo sé… pero por qué dos cosas. ¿Por qué un simple cajón sin querubines y una piedra?

Matty volvió a insistir.

—Dice que el Arca es eso. Que nadie ha podido verla jamás.

—¿Pero qué? ¿Un cajón o una plancha?

—El Arca son las Tablas donde Dios escribió los Diez Mandamientos —expuso por fin.

—¿Quiere decir que la palabra *tabot* es sinónimo de *caja*, pero también de *tabla*?

Matty se tomó su tiempo para explicarle al monje mis dudas.

—No es que *tabot* sea sinónimo de *cajón* y de *tabla*, es que el Arca de la Alianza son las Tablas que Dios escribió con su dedo y que se guardan en un relicario. Es una sola palabra para referirse a un conjunto de cosas.

Intentando digerir aquella información, decidí seguir indagando:

—Pero, ¿dónde están los dos querubines de los que habla el libro del Éxodo?

El monje se encogió de hombros.

—Cuando Moisés bajó con las primeras Tablas, acabó rompiéndolas al ver a los israelitas adorando al becerro de oro. Entonces tuvo que labrar otras nuevas para que Dios escribiese en ellas la ley por segunda vez. Luego de bajar del monte, Moisés cubrió las Tablas con oro y plata y las metió en una caja para protegerlas. Pero el Arca ahora no tiene dos ángeles en el propiciatorio, sino la imagen de la Santísima Trinidad junto a los símbolos Alfa y Omega. Los dos querubines son san Miguel y san Gabriel, que protegen el Arca. A veces se los representa en una nube sobre ella o en algún lugar cercano al *Sancta Sanctorum*. San Miguel es el comandante de las huestes celestiales y san Gabriel es el mensajero de la voz de Dios.

Representación del Arca en un lienzo dentro de la
moderna iglesia de Santa maría de Sion, Aksum.

Debo confesar que tuve que sentarme para no caerme de la impresión. Para la tradición etíope, el Arca eran en realidad las Tablas de la Ley. Unas Tablas guardadas en un relicario de oro y plata y puestas en una caja.

Como era evidente, la caja actual era muy posterior a la época de Moisés, posiblemente obra del rey Ezana o del mismísimo Lalibela, ya que contenían claras alusiones al cristianismo. Pero en realidad el Arca eran las Tablas y el relicario; unas Tablas cubiertas de oro y plata. Sin embargo, ¿por qué Moisés querría recubrir las Tablas con esos materiales? ¿Sería para protegerlas o para juntar los trozos rotos?

Cuando Moisés descendió por segunda vez de Sinaí, guardó los Diez Mandamientos en el Arca de los Querubines, la cual ha sido buscada por el pueblo hebreo desde la destrucción del templo de Salomón hasta hoy. Pero puede que los restos de las primeras Tablas fuesen recompuestos y juntados de nuevo, cubriendo sus fracturas con oro fundido o plata a modo de relicario, y guardado este en un simple cajón.

Cualquier cosa escrita por el dedo de Dios, era sagrada, por lo que es probable que el pueblo hebreo las considerara como tal. Y puede que estas últimas sean las que Menelik se llevó de Jerusalén, a sabiendas de Salomón o no, y que llegaran hasta aquí como el recuerdo vivo del Dios de Israel.

Incluso, si leemos en el *Kebra Nagast* cómo Azarías sacó el Arca de la Alianza del *Sancta Sanctorum* y la puso en un carro sin que nadie se diera cuenta, debemos deducir que le habría resultado del todo imposible si se hubiese tratado del Arca de los Querubines dadas las dimensiones de los varales, pero habría sido más plausible si se tratara de un simple cajón, por otra parte no menos sagrado.

De la misma manera, si, tal como parece, hubo dos Arcas, tal vez a los sumos sacerdotes les habría parecido prudente no tenerlas juntas en un mismo lugar. Si bien el Arca de los Querubines, como relata el Talmud, era escondida en «su sitio» bajo la Roca Fundacional del templo, la otra tal vez pudo haberse puesto a salvo lejos de Israel.

Siguiendo el paso de la comitiva de las primeras Tablas, encontramos claras referencias a lo que pudo haber sido su marcha por Arabia desde que Menelik, a los pies del Sinaí, descubrió que Azarías la había robado del templo de Salomón, hasta pasar por la Ciudad Santa de La Mecca, curiosamente a escasos kilómetros de Aksum, donde se sabe que existió una próspera comunidad hebrea y un éxodo masivo de la población hacia el año 600 a. C.

Antes de los siglos V y VI d. C., en el período de la Arabia Feliz, e incluso en la época de Mahoma, corrían numerosas leyendas entre la población judía de la península arábiga, las cuales aseguraban que el Arca de la Alianza fue llevada hasta La Mecca y puesta debajo —otros dicen que dentro— de La Kaaba, el monumento con forma de cubo que se supone Abraham construyó junto a su hijo Ismael para honrar al único Dios.

En su origen, este templo, a semejanza del *Sancta Sanctorum* de Jerusalén, estuvo totalmente vacío, simbolizando así el Trono de Dios en la tierra, donde Allah tenía puesta su mirada y donde podía sentirse su presencia, la Shejiná.

> «En verdad, la señal de su reinado será que vendrá a vosotros, transportada por los ángeles, el Arca portadora de la tranquilidad, que procede de vuestro Señor y las reliquias que dejaron la familia de Moisés y la familia de Aarón. En ello hay una señal para vosotros, si sois creyentes».
>
> Sagrado Corán 2, 248.

No debía descartar pues a la ligera el paso del Arca/Tablas por La Mecca, toda vez que el edificio más emblemático y querido por los musulmanes tenía una gran semejanza con el Cajón del Pacto que Menelik, o un grupo de judíos exiliados, sacaron de Jerusalén.

- Sabemos que el Arca era rectangular, como originalmente fue la Kaaba antes de que las diversas reconstrucciones la rehicieran en forma de cubo. No obstante, todavía se conservan las medidas originales en el espacio anexo al muro norte, llamado la Estación de Ismail.
- En el interior del Arca se guardaban las dos Tablas de la Ley que Moisés bajó del monte Horeb. En La Kaaba se hallan dos Piedras Negras, posiblemente aerolitos —que la tradición islámica asegura son parte del Paraíso

Original— y que cayeron a la tierra para regocijo de los hombres.

- El Arca estaba cubierta con una tela azul para impedir que la gente la mirase. La Kaaba está cubierta igualmente por la «Tela de Damasco», un manto de color oscuro que la tapa por completo.
- La tradición islámica asegura que fueron Abraham y su hijo Ismail quienes construyeron La Kaaba, por lo que se le debe reconocer una clara influencia bíblica y, aunque la tradición islámica conserve la memoria del lugar, posiblemente el paso del Arca por La Mecca influyera en la construcción de un templo semejante al Arca.
- La Kaaba está hecha de granito oscuro. El Arca estaba hecha de madera de acacia, casi negra.
- Las dos son consideradas el Trono de Dios en la tierra y el centro de la fe.

¿Es posible que el núcleo de la fe islámica guarde el recuerdo del paso del Arca por este lugar?

«Allí pondrás el Arca del Testimonio y cubrirás el arca con el velo». Éxodo 40, 3.

Con la subida al trono de Jeroboam, el cual persiguió el culto yahvista y puso un becerro en Betel —donde posiblemente se asentara el Arca con las primeras Tablas— los sacerdotes la habrían llevado lejos de Israel, pero también lejos de Egipto. Por otra parte, puede que tiempo después, deseando legitimar el linaje de los reyes etíopes, algunos pseudo-historiadores, alentados por la corona, reunieran numerosas tradiciones orales y leyendas en lo que finalmente se llamó el *Kebra Nagast*, de clara influencia cristiana y demasiado moderno como para concederle la necesaria credibilidad.

La primera evidencia del paso del Arca por el norte de Etiopía la encontramos en la isla Tana Kirkos, donde permaneció hasta que el rey Ezana la reasentó en su ubicación actual, llevando el reino al cristianismo. Empero cuando este rey trasladó a la Señora de Sion a Aksum, dejó en Tana Kirkos los objetos de origen hebreo que ya no eran útiles para la liturgia cristiana, como la bandeja donde se recogía la sangre de los sacrificios, un efod y un shofar que están datados hace más de dos mil ochocientos años.

Empero, también sabemos que, hacia mediados del siglo V a. C., los textos de Dario II y Jerjes I aseguran que existía un grupo de judíos asentados en la Isla Elefantina, donde también se alzaba otro templo a Yahvé mucho más antiguo, el cual mantuvo abundante correspondencia con el santuario de Jerusalén. No obstante, las malas relaciones con sus vecinos egipcios desembocarían en la destrucción de este hacia el año 410 a. C., por lo que lo más probable es que sus habitantes, en lugar de regresar a Jerusalén, que se encontraba bajo el dominio persa, buscaran otro lugar para reasentarse descendiendo el Nilo.

Esto nos da qué pensar. Si sabemos que el templo de Salomón se construyó para guardar el Arca de los Querubines, la existencia de otro templo fuera de Israel solo se explica si el santuario de Elefantina tuvo la función de guardar la otra Arca.

Una mirada atrás

«Yo les daré un solo corazón y pondré un espíritu nuevo dentro de ellos. Quitaré de su carne el corazón de piedra y les daré un corazón de carne, para que anden en mis estatutos, guarden mis ordenanzas y las cumplan. Entonces serán mi pueblo y yo seré su Dios». Ezequiel 11, 19.

Si Menelik trajo o no el Arca a Etiopía es algo que no podemos saber, pero lo que sí sabemos es que esta tierra debió de beber de las fuentes del judaísmo al menos mil años antes de Cristo, de las cuales dan buena cuenta las costumbres y tradiciones que sus pobladores todavía siguen realizando, sobre todo en su antigua capital, Aksum.

El nombre de Aksum deriva de uno de los bisnietos de Noé, Aksumaí. Es una de las dos ciudades sagradas para la religión etíope, no solo porque en la pequeña capilla de cúpula turquesa que se yergue entre la iglesia nueva de Santa María de Sion y el viejo monasterio que la circunda se guarde la que muchos aseguran es el Arca de la Alianza que Moisés construyó para albergar las Tablas de la Ley cuando descendió del Sinaí, sino porque también en ella se encuentra la tumba del rey Bazen, que en Europa conocemos con el nombre de Baltasar, el último y quizás más querido de los tres reyes magos.

Descendiendo por la arteria principal de la capital del antiguo Imperio salomónico —a ratos pavimentada, a ratos sin pavimentar— sorteando a los borriquitos, pastores con sus rebaños de cabras y ovejas, y vigilando además para no ser presa del capó de alguno de los típicos y atrevidos tuc-tuc que intentan colarse por todas partes, a mano izquierda del camino, disimulado entre algunas casas que lo circunvalan, y que casi parecen querer que pase desapercibido, se yergue el que podría ser uno de los obeliscos más antiguo del país africano.

Bajo su sombra, según cuentan las leyendas que se vienen narrando desde hace siglos al calor de las hogueras en las noches del Timkat —una de las mayores y más emocionantes fiestas religiosas etíopes, donde se conmemora la epifanía del Señor— se oculta el hipogeo que dio refugio a los restos del rey Baltasar, de su mujer y de sus dos hijos.

Según la creencia popular, el rey Bazen, monarca de Aksum en la época de Cristo, habría sido uno de los tres Reyes Magos —concretamente Baltasar— el cual llegaría hasta Belén por una serie de sueños y extrañas premoniciones no del todo bien explicadas en los textos coptos de la Iglesia alejandrina.

Actualmente, Belén es una ciudad palestina que dista pocos kilómetros de Jerusalén. Según las Escrituras, la Sagrada Familia tuvo que desplazarse hasta allí para inscribirse en el censo de Quirino, gobernador de Siria, siendo Herodes el Grande rey de Israel. No obstante, sabemos que cuando José y María entraron en la aldea, no encontraron sitio donde hospedarse… El censo que tuvo lugar entre los años 6 y 8 a. C., según el calendario actual, obligó a toda la población de Israel a posponer sus actividades durante algunos días para trasladarse a su lugar de procedencia.

Sabemos que san José era descendiente de David, rey de Israel, nacido en Belén Ephrata, por lo que Belén bien pudo haber sido un hervidero de gente en aquella época a causa del censo.

Otra de las razones por las que quizás no pudieron encontrar sitio en las posadas era la pureza ritual que las leyes judías imponen para las mujeres que están a punto de dar a luz, por las que toda la casa y sus enseres, en el momento del parto, quedarían impuros.

Teniendo en cuenta semejante hándicap, ningún posadero habría permitido que una parturienta causara tales inconvenientes a sus intereses ni a los de sus clientes. Por tanto, a pesar de los escépticos, sería plausible pensar que los acontecimientos bíblicos pudieran estar basados en hechos reales.

Dada la meteorología de Judea, pasar la noche en una cueva, aun al calor de las hogueras, resultaría tremendamente frío. Cuando preguntamos a los pastores nómadas que actualmente viven cerca de Jericó, en qué meses sus rebaños pueden dormir al raso, la respuesta es: «Entre los meses de junio y septiembre». Por tanto, si atendemos al Evangelio de Lucas, el nacimiento de Cristo tuvo que haberse producido necesariamente entre primavera y verano.

La tradición hebrea sostiene que el nacimiento del Mesías debe coincidir con los mismos días en los que Nabucodonosor primero, y después el general Tito, destruyeron el templo, ya que será él quien deberá restituirlo. Por Flavio Josefo sabemos que las tropas de Tito entraron en Palestina los primeros meses del año 70 d. C, pero que no sitiaron Jerusalén hasta abril o mayo, y que destruyeron la ciudad a finales de agosto.

Otras fuentes coinciden en que en esos mismos días, las tropas de Nabucodonosor arrasaron también el primer templo, por lo que el nacimiento de Jesús, según estos datos, bien pudo haberse producido a finales del mes de agosto entre los años 8 y 6 a. C.

Una de las cuevas encontradas en el Campo de los Pastores, hoy convertida en capilla franciscana

Sabemos que Dionisio el Exiguo, para establecer el calendario gregoriano, calculó el nacimiento de Cristo según el periodo de gobierno de los emperadores romanos, pero no tuvo en cuenta los cuatro años de regencia de César Augusto, cuando gobernó con el nombre de Octavio, por lo que hoy tenemos un desfase de al menos cinco años en nuestro calendario, ya que tampoco contabilizó el año 0.

Si además tenemos en cuenta que Herodes buscaba a un niño menor de dos años, tal vez Jesús nació en la primavera/verano del año 8, paradójicamente, antes de Cristo.

El relato sigue afirmando que, estando la Sagrada Familia en Belén, unos magos llegaron de Oriente, pero su viaje hasta tierras hebreas no debió ser en modo alguno sencillo. El Evangelio de Mateo asegura que una estrella les precedía. No obstante, la tradición aksumita asevera que, cuando la estrella desapareció, los magos se guiaban por la dirección que tomaba el humo del incensario que portaban a modo de oráculo.

Este tipo de supercherías siguen estando al cabo de la calle aún hoy en Etiopía, como se puede comprobar en los ritos que acompañan a la celebración del Meskel —el hallazgo de la Vera Cruz por santa Elena— por los que se suele prender fuego a una hoguera previamente preparada para tal efecto, y según sople el viento, y según hacia dónde el humo sea arrastrado, el oficiante vaticinará un destino u otro para la ciudad en la que se celebra.

Sorprendentemente, a principios del siglo I, el planeta Júpiter, alineado con la Luna al este de Aries, pudo haber marcado claramente el lugar del nacimiento de Cristo. Aries, según las crónicas persas, era la representación del antiguo reino de Judea y de los judíos. Por tanto, cuando los magos —mazdeos— estudiosos del cielo y del lenguaje de los sueños, vieron aquella conjunción bajo el signo de Aries, no tardaron en viajar a Palestina para buscar el lugar de nacimiento del Mesías.

Aunque no podemos saber cómo el rey de Aksum se unió a la comitiva persa, juguemos a soñar que, de algún modo, pudo ser así.

Podemos suponer que, al llegar a Jerusalén, los atuendos de los magos y sus preguntas sobre el Mesías llamarían mucho la atención, lo que, de alguna manera, llegó a oídos de Herodes, quien no tardó en invitarlos a su palacio. Inocentemente, los magos le contaron al monarca idumeo lo que habían visto en el cielo, y más tarde los sacerdotes le confesarán que el Mesías debería nacer en Belén de Judea.

Según el relato evangélico, Herodes, temiendo por su trono, conspiraría para matar al mismísimo Hijo de Dios con tal de conservar su poder terrenal, por lo que dará a los magos su bendición, enviándolos a Belén con la condición de que le informaran del paradero del niño.

El 23 de agosto, posible fecha del nacimiento de Jesús, Júpiter empezó a retroceder en los cielos, momento en que los magos salieron de su tierra.

«Vimos su estrella en el oriente y hemos venido a adorarlo».
Mateo 2, 2.

Y será visto nuevamente después de su entrevista con Herodes, el 19 de diciembre, cuando Júpiter se detuvo otra vez.

«La estrella se paró en el lugar donde estaba el niño».
Mateo 2, 9.

Cuando los Magos llegaron a Belén, encontrarían a un Niño Jesús de cuatro o cinco meses.

Contrariamente a la tradición oral, y a la imaginería popular, los monarcas extranjeros no arribaron a Belén en el momento del nacimiento del niño, pues la Sagrada Familia ya no estaba en un establo, sino en una casa —Mateo 2, 11.

Jerusalén, en plena reconstrucción del tercer templo, estaría buscando trabajadores especializados como José, y su oficio habría estado muy bien pagado. Jesús ya habría sido presentado en el templo y circuncidado, como asegura Lucas, y María también se habría sometido a los ritos de purificación habituales.

Después de esto, los Magos serán avisados en sueños por un ángel, quien les advirtió que no volvieran a Jerusalén. Convencidos de las perversas intenciones de Herodes, regresarían a Persia y a

Etiopía por otro camino. No obstante, cuando Herodes se percata de que los Magos han huido, mandará asesinar a los inocentes de Belén y hará perseguir a los Magos para darles muerte.

Según la tradición, sus restos fueron comprados por santa Elena, madre de Constantino, hacia el año 330 d. C., y descansan hoy en un sepulcro de la catedral de Colonia, Alemania. Los cráneos que allí se custodian, bajo el análisis forense, pudieron haber sido de tres varones de distintas edades, 20, 35 y 55 años aproximadamente —dos magos y un paje—, lo que coincide con la representación de los mismos que vemos en los iconos de dicha iglesia vistiendo ropas propias del país de Aura Mazda. Sin embargo, no podemos encontrar, ni en el retablo, ni en el osario, los restos de Baltasar. Y es aquí donde debemos volver a la tradición etíope, que asegura que el rey Bazen salvó la vida y regresó a salvo a su tierra tomando el camino del sur, contrariamente al resto de la comitiva.

Llegando a Etiopía, suponemos que vivió en paz el resto de sus días, pues hoy podemos admirar su sepulcro familiar cerca de la oficina de información turística de Aksum, el cual, como ya hemos mencionado, se encuentra rematado por uno de los obeliscos más antiguos de la capital salomónica. Tradiciones posteriores aseguran que santo Tomás llegaría a Etiopía tras la muerte y resurrección de Jesús, se encontrará con el rey Baltasar, y que este le pedirá ser bautizado… pero esa es otra historia.

Hechos de los Apóstoles relata también cómo un eunuco etíope, mayordomo de la reina Candace, que iba leyendo el libro de Isaías de camino a Jerusalén, fue bautizado por el apóstol Felipe, el cual, convertido al cristianismo, habría regresado a su tierra natal para predicar el mensaje de Jesús.

Como vemos, ya en la Palestina del siglo primero, judíos etíopes subían a la Ciudad Santa en peregrinación, prueba más que evidente de una conversión muy anterior. Por otra parte, reinas guerreras como Candace son ampliamente conocidas por los relatos de Estrabón, Herodoto y Diodoro. Con todo, el cristianismo no tomará fuerza en Etiopía hasta que san Frumencio llegara con su hermano Edeso a la capital aksumita, donde logró el favor de la reina y fue nombrado tutor del príncipe

Ezana, quien después conduciría definitivamente el reino al cristianismo.

Las iglesias orientales, tras el Gran Cisma, siguieron su propio rumbo al margen del catolicismo y de la autoridad del papa, entre ellas la Iglesia Siria, Armenia, Copta Egipcia, Malabar y Etíope, las cuales venían defendiendo desde el Concilio de Calcedonia —451— el dogma del monofisismo, es decir, que Jesús solamente tenía una sola naturaleza, la divina, negando tajantemente su naturaleza humana. Así, cuando el Patriarcado de Alejandría fue transferido a El Cairo, la Iglesia etíope dependió exclusivamente de él.

Cuentan las leyendas locales que el mismísimo Jesús se apareció al rey Ezana y a la reina Makeyede-eegzi para pedirles que llevaran el Arca hasta la capital y que le construyeran una ermita como el otrora gran templo del rey Salomón. Siguiendo esta visión, el Arca abandonaría la isla de Tana Kirkos y ocupará el lugar central en el cristianismo etíope hasta que una guerrera judía llamada Gudit, en el siglo IX, lideró la revuelta que acabaría con la dinastía de los reyes salomónidas y devolvería el reino al judaísmo, instaurándose en el poder hasta que en 1137 Mara Takla Haymanot, quien aseguraba ser descendiente de Salomón a través de otro hijo que el monarca habría tenido con una de las damas de compañía de la reina de Saba, conquistó el trono y dio comienzo así a la dinastía Zagwe.

Tras la muerte de Mara Takla Haymanot, le sucedería su hermano Jan Seyum. Y es aquí donde la historia de los reyes etíopes se encontrará con la de los monarcas europeos.

Cuenta la leyenda que en la Edad Media, el enigmático rey de una ciudad llamada Shambhala, el Preste Juan, habría enviado correspondencia al papa y a los reyes europeos para formar con ellos una alianza. Las primeras referencias que tenemos de este fabuloso monarca, patriarca además de la cristiandad, el cual aseguraba ser descendiente del rey David, son gracias a la obra del monje de la Orden del Císter, Otón de Freising, *Crónica o Historia de las Dos Ciudades* hacia el año 1143.

A partir del siglo XII comenzó a expandirse en Europa la idea de que, allende los mares, en una remota región inaccesible y desconocida, se ubicaba la tierra del Preste Juan, un lugar idílico donde los ríos manaban leche y miel, los páramos y las montañas escondían mágicos tesoros, y sus habitantes eran capaces de realizar portentosos milagros. Según se decía, los descendientes del Preste Juan estaban llamados a unir el poder político y religioso, para lo cual se habían dedicado a enviar emisarios a los monarcas cristianos de todo el mundo. Y, aunque más que física, la tierra del Preste Juan parecía encarnar el deseo de regresar al Paraíso Perdido, no obstante era un país real. ¡Etiopía!

La leyenda en torno al Preste Juan fue creciendo y hubo quienes se atrevieron a ubicar esa nueva Jerusalén en la India, Tíbet o Mongolia, olvidando algunos datos cruciales, como que el Preste Juan aseguraba descender de uno de los tres Reyes Magos, que su tierra estaba rodeada de reinos paganos, y que Etiopía, en aquella época, era considerada como la India Cercana.

Posiblemente el *Negus Nagast* —rey de reyes— Jan Seyum pasó, de alguna manera, a ser conocido como el Preste Juan, y gracias a la imaginación popular, numerosos pioneros salieron en pos de encontrar la mítica tierra donde reinaba este rey a caballo entre el mito y la realidad.

Si además tenemos en cuenta la leyenda que aseguraba que en la tierra del Preste Juan se encontraba el Santo Grial, quizás por fin podamos admitir que, de alguna manera para los templarios, el Santo Grial y el Arca de la Alianza eran una misma cosa.

El último rey de la dinastía Zagwe fue destronado en 1270 por Yekuno Amlak, que reinstauró la estirpe salomónica de Menelik y posiblemente ordenó poner por escrito lo que a la postre se conoció como el *Kebra Nagast*.

A partir del siglo XVI las invasiones musulmanas se sucedieron, por lo que los reyes etíopes se vieron forzados a pedir un pacto de alianza entre la Iglesia católica y la etíope con tal de mantener a salvo el reino de las incursiones de los hijos del Islam. En 1626, el rey Susinios se convirtió al catolicismo y la religión romana destronó a la etíope hasta que su hijo, el rey Fasílidas, devolvió el reino al antiguo credo, aliándose con los musulmanes, martirizando a cientos de misioneros jesuitas y franciscanos.

Capilla del Arca de la Alianza, Aksum. Etiopía.

Ya en el siglo XX, el emperador Haile Selassie —el poder de la Trinidad— reformará la Iglesia, que se independizará del Patriarcado egipcio, y en 1955 se llamará Iglesia ortodoxa etíope tewahedo —unificada— adquiriendo el rango de religión oficial del Estado.

Durante todo este tiempo —exceptuando un breve período en que fue trasladada al lago Zwai, al monasterio Debra Sion, para salvaguardarla de la conquista musulmana de Aksum— el Arca residió en la capital del Imperio salomónico.

En el año 1896, el rey Menelik II la sacará de su santuario para ponerla al frente de su ejército en la batalla de Adua contra las tropas italianas. El 1 de marzo, un ejército extranjero compuesto por más de 20 000 hombres con cincuenta y seis piezas de artillería, llegó a la ciudad de Adua y fue literalmente reducido a la nada por unos combatientes etíopes que portaban arcos, flechas y espadas, pero también el Arca de la Alianza.

El guardián de la tradición

«Porque yo soy Yahvé, vuestro Dios; santificaos y sed
santos, pues Santo soy Yo». Levítico 11, 44.

Cuenta la tradición local que Aksum es uno de los lugares ele-
gidos por Dios, donde tiene puesto también su corazón, de ahí
que todo el país siga mirando a la ciudad con cierta reverencia. Y no es de extrañar, hoy en día es la única localidad del
mundo que presume de custodiar el Arca de la Alianza, la cual
se encuentra guardada bajo siete llaves en la pequeña capilla
que se yergue entre las dos iglesias de Santa María de Sion: una
para los hombres y otra para las mujeres.

En esta última pueden verse escenas estremecedoras: viudas
que lloran a sus maridos, madres que perdieron a sus hijos, e
incluso ancianas que malviven en la más absoluta pobreza y que
esperan sentadas pacientemente Dios sabe qué.

Al otro lado, separado por un foso que salva un pequeño
puente, se levanta el monasterio antiguo, solo para hombres tal
vez con una historia no muy distinta a la de las mujeres que se
reúnen en la iglesia de enfrente, construida por Haile Selassie.

Y por fin, justo en el centro, la capilla con el Arca; una
pequeña construcción rectangular rematada por una bóveda
de color turquesa que será sustituida en breve por el nuevo
sagrario que se encuentra a sus espaldas, algo más grande y con
la cúpula dorada, semejante al Domo de la Roca de Jerusalén.

El terreno entre el puente y el monasterio es el lugar más cercano a la capilla del Arca, que ocupa el lugar de la iglesia origi-

nal que construyó el rey Ezana y que destruyó primero Gudith y luego las tropas musulmanas. Siete u ocho metros de paso franco hasta el enrejado que la circunvala y que a su vez se encuentra a unos dos o tres metros de los muros del *Sancta Sanctorum* etíope.

Desde tiempos inmemoriales, una sola persona ha sido la encargada de velar por la seguridad de las Tablas de la Ley. En nuestros días, el desaparecido rey Selassie, antes de morir, nombró Custodio del Arca a un monje llamado Abba Gebre Meskel, el cual tiene prohibido salir de los límites del enrejado, aunque a veces pueda vérsele caminando por la parte de la valla que limita con el monasterio, o por la parte inferior del pozo, donde viene a bendecir a las mujeres, pues también ellas tienen vetado el paso al otro extremo.

Fue allí donde quiso el destino que nuestras miradas se cruzaran por primera vez. Sin saber qué iba a encontrarme, descendí las escaleras que conducen al museo de objetos religiosos que se esconde junto al foso cuando, delante de mí, apoyado en la verja, se echaba un hombre de piel oscura, vestido con un hábito amarillo y negro, que se dedicaba a bendecir por turnos a las hijas de una misma familia mientras el padre charlaba con él animadamente.

Deseando no molestar, pensé que lo mejor sería darme la vuelta y salir de allí. No obstante, al verme, el padre de familia me llamó la atención.

—¡Este es el Guardián del Arca! —dijo con pompa mientras el monje no me quitaba los ojos de encima.

—Lo sé —contesté sonriendo—. Mi nombre es Manuel, vengo desde España. Es un placer para mí conocerle —añadí mientras le extendía la mano.

Frío, Gebre Meskel meneó la cabeza en señal de desaprobación.

—No puedes tocarlo —dijo el hombre que me hacía las veces de intérprete mientras el monje le susurraba algo en amárico.

—¿Eres cristiano? —preguntó por fin.

—Sí, señor.

—¿Católico?

—Así es —contesté, y ambos volvieron a conversar—. ¿Podría pedirle su bendición? —me atreví a preguntar tímidamente.

Los dos hombres volvieron a mirarse y a hablar entre ellos.

—No puede darte su bendición porque no eres cristiano etíope. Si quieres que te bendiga, debes hablar con algún sacerdote, bautizarte y cumplir todas nuestras normas —dijo mientras hacía un gesto como si tuviera que cortarme el pelo—. Solo después podrás pedirle su bendición.

— Verá… yo ya fui bautizado —repuse—. Además, Jesús era Nazoreo, y sabemos que posiblemente llevara también el pelo largo. Así lo reflejan incluso los iconos de sus propias iglesias.

—Sí, pero eso era antes de que san Pablo lo prohibiese —replicó el hombre titubeando.

—San Pablo se lo prohibió a los Corintios en un contexto histórico muy determinado. Santiago el Justo, cabeza principal de la Iglesia de Jerusalén, era conocido por su predilección en el cumplimiento de las normas del nazireato, las cuales prohíben cortarse el pelo. Incluso él mismo aconsejó a Pablo que tomara esos votos durante algún tiempo para acallar las críticas que estaba suscitando, y Hechos de los Apóstoles asegura que Pablo así lo hizo.

El hombre, sorprendido de que supiese esas cosas, volvió a repetir que eso era antes, pero que ahora era distinto.

—El Guardián del Arca no puede ni rozarte si no te bautizas en nuestra fe. Ni siquiera puedes besar la cruz con la que bendice porque la contaminarías.

Ante sus palabras, tengo que confesar que se me cayó el alma a los pies. De nuevo me encontraba con los límites que las religiones imponen para separarnos unos de otros. Aquella palabra que tanto me gustaba *pontífice*, que significa «constructor de puentes», había perdido completamente su significado. Las religiones habían secuestrado a Dios y solo se lo ofrecían —eso sí, con cuentagotas— a sus leales súbditos. Aquellos que se tragaban todos sus dogmas sin protestar jamás.

Pensé que podría recordarles a aquellos dos gentiles hombres la parábola del buen samaritano, donde Jesús enseña que nuestro prójimo no es quien tiene nuestra misma religión, ni nuestras mismas costumbres, sino aquel que tiene misericordia para con nosotros.

Tampoco quise recordarles la vez que Jesús bendijo a la mujer sirofenicia. Aquello no me habría servido de nada. Las mismas palabras que yo tenía en mi Biblia, ellos las tenían también en la suya, pero sus ojos no eran mis ojos. Tampoco quiero ocultar la pena que sentí al comprobar que alguien con un cargo tan alto, sin embargo fuese un enano espiritual. Cinco minutos antes creí estar delante de un santo, ahora me daba cuenta de que tan solo estaba delante de un hombre; un hombre enfermo por el Síndrome de las Religiones. Con todo, no era por él por quien yo había hecho más de seis mil kilómetros, sino por otro; por el único que realmente es santo, el Santo de Israel.

Sin más, agradecí su tiempo, les deseé bendiciones y me retiré de allí. Intentando olvidar lo anterior, volví a subir las escaleras que llevaban al piso superior y me dirigí al monasterio antiguo, dejando la capilla del Arca para el final. En aquel oscuro y lóbrego lugar pensé que podría descargar mi alma, desquiciada todavía por el encuentro con el insigne Guardián del Arca, pero tampoco el custodio del monasterio me permitió rezar tranquilo. Eso sí, tuvo la gentileza de mostrarme el detalle de la pintura de una Virgen Negra que se encontraba a mano derecha de la cortina que separaba el *Sancta Sanctorum* de la sala de oración, más empeñado en que sacara la foto de turno y me marchara de allí lo antes posible que de mi estado espiritual.

Cuando decidí concluir la visita, volví al camino del puente y vi que Abba Gebre Meskel había subido también al piso superior y ahora se dedicaba a hablar con otro de los hombres que se paseaban libremente por la zona entre el monasterio y la capilla del Arca. Con la visión de la cúpula turquesa frente a mí, quise acercarme al enrejado que separaba el edificio, pero inmediatamente Abba Gebre Meskel envió a su contertulio para que me detuviera. Y así lo hizo. Me dijo que no podía acercarme tanto al enrejado y que debía volver al puente. Aquella tierra era santa y solo los etíopes podían pisarla.

Resignado, me senté al lado del puente y comencé a rezar, pero aquello tampoco satisfizo al Guardián del Arca, que volvió a enviarlo otra vez para que me echara también de allí.

Sin comprender qué podría haber hecho yo para molestarlo tanto, sin embargo no quise darme por vencido; rebusqué en mi bolsillo y le mostré el ticket que había comprado minutos antes en la entrada. El hombre lo cogió, lo observó con cuidado y me lo devolvió de mala gana. Luego fue y se lo dijo al monje. Iluso de mí, pensé que por fin podría rezar en paz y que me dejaría tranquilo de una vez por todas. ¡Qué equivocado estaba!

Cinco minutos más tarde, Gebre Meskel volvió a enviar a otro de sus secuaces para que me pidiera el ticket y se lo llevara. Parece que, aunque yo era impuro, mi dinero no.

Sin rechistar, volví a sacarlo del bolsillo y se lo ofrecí. El esbirro se lo llevó y, tras dárselo, vi cómo lo estudiaba detenidamente. Luego de las indicaciones del monje, el hombre regresó para repetirme que aquel lugar era santo y que no podía estar allí.

Finalmente me levanté, no tenía ganas de discutir más con un corazón de piedra… pero no me rendí. Había descubierto que el Guardián del Arca era un hombre, por tanto tendría que dormir. ¡Ese sería mi momento!

A las cuatro de la mañana salí del Yeha Hotel, que se encontraba a apenas trescientos metros del recinto de Santa María de Sion, entré al complejo y me dirigí, cruzando el puente, hacia el enrejado frente a la capilla del Arca. Como había supuesto, mi adversario se encontraría durmiendo, como la mayoría de aksumitas, y por fin pude acercarme y postrarme lo más cerca posible del edificio que custodia el Arca de la Alianza, volcándole a Dios todo lo que tenía en mi corazón.

Lo cierto es que no sé cuánto tiempo pasó hasta que mis lágrimas dejaron de correr por mis mejillas enjugando el suelo. Allí, a la vera de la Shejiná, solo un deseo pasó por mi mente: «Que mi familia sea feliz. Que todas las personas a las que amo, sean felices. Y que todos los seres, en cualquier parte y en cualquier lugar, dejen de sufrir».»

Las demás cosas, delante de Dios, no tenían importancia. Fama, fortuna y posición ya no me importaban. Todos mis deseos se habían disuelto en el amor. Un amor que perdona y que pide perdón. El Amor… uno de los Nombres más bellos del Señor.

Realmente no sé cuánto tiempo estuve así, solo sé que cuando quise levantarme, las piernas no me respondieron. A duras penas, ayudándome de la reja, conseguí ponerme en pie a la vez que alguien venía a recordarme que aquel lugar era sagrado y que no podía estar allí.

Poco a poco me fui alejando, sabiendo no obstante que lo que había venido a hacer, estaba hecho. Evidentemente, yo no quería robar el Arca, ni tan siquiera pretendía verla —sabía bien que aquello era imposible—, tan solo quería acurrucarme a la vera de Dios para hablar un ratito con Él y, aunque el Guardián del Arca nunca me lo permitió, Dios tenía otros planes.

Conclusiones

- Como hemos demostrado, parece probable que existieran dos Arcas, una con los restos de las Tablas rotas por Moisés, que fueron depositados en una sencilla caja; y otra con las nuevas, que fueron guardadas en el Arca de los Querubines, donde tal vez también se preservara la Vara de Aarón y el Cuenco con el Maná.
- Es posible que ese Cajón del Pacto fuese sacado de Egipto dada la imposibilidad de fabricar algo así en medio del desierto, sin contar con la ingente cantidad de oro que los pobres esclavos judíos habrían tenido que necesitar para llevar a cabo la construcción de todo el ajuar del Tabernáculo.
- Si no se sacó de Egipto, lo más probable es que el Arca de los Querubines se fabricara en Siquem o en Silo, muerto ya Moisés, con las tribus asentadas en Tierra Santa y con Josué a punto de entregar el alma, donde se formuló un nuevo pacto y alianza con Yahvé a semejanza del anterior.
- Parece probable además, por lo que leemos en la Biblia, que las dos Arcas finalmente se separaran. Prueba de ello la encontramos en el libro de Jueces 20, 27, donde se asegura que el Arca estaba en Betel, pero en ese momento debería haber estado en Silo.
- Cuando Jeroboam subió al trono, hizo poner un becerro en el santuario de Betel, que anteriormente, tal vez por la presencia de las primeras Tablas allí, era considerado un lugar adecuado para el culto a Yahvé.
- En algún momento de la historia del pueblo hebreo, el

primer cajón fue llevado a Etiopía. Quizás, como relatan las crónicas apócrifas del *Kebra Nagast*, fue regalado por Salomón a su hijo Menelik. O tal vez rescatado por algún grupo de fieles judíos que tuvieron que huir lejos de Betel, pero también lejos de Egipto, para ponerse a salvo de Jeroboam.

– Por otra parte, sabemos que un «templo supletorio» al de Salomón en Jerusalén se alzó en la Isla Elefantina, adonde tal vez pudieron traer el Arca desde Betel, el cual fue abandonado por alguna razón hacia el siglo V a. C. —posiblemente debido a las malas relaciones entre los sacerdotes hebreos y los clérigos egipcios que compartían un lugar en la isla—. Si el primer templo se construyó para albergar el Arca de los Querubines, parece más que probable que este segundo custodiase el primer Cajón del Pacto, que después llegaría, descendiendo el Nilo, hasta el lago Tana, como aseguró en su día Graham Hancock, ruta que coincide con lo que propone el *Kebra Nagast.*

– Hay evidencias bíblicas de la presencia de judíos en Etiopía desde al menos el siglo VIII o IX a. C., de los cuales descenderían los falashas, judíos negros que actualmente han regresado a Israel, siendo reconocidos como tales no solo por el Estado, sino también por la mayoría de comunidades hebreas.

– Lo que en Etiopía llaman Tabot no es el Arca de la Alianza, sino el relicario que posiblemente se construyó para contener los restos de las Tablas rotas por Moisés. Relicario a su vez protegido en alguna caja que ha ido cambiándose a lo largo de los años.

– Es posible que, mientras el Arca de los Querubines estuvo escondida en Jerusalén, el cajón con las primeras Tablas de la Ley, guardadas en un relicario por Moisés, quedase en la isla de Tana Kirkos hasta que el rey Ezana la reasentara en la capital del reino salomónico de Aksum.

– Este rey hizo construir un templo para custodiar el Arca, semejante al de Salomón, que sería destruido primero por la invasión de Gudith y luego de los musulmanes, por lo que el relicario tuvo que llevarse a un monasterio del lago Zwai.

- Mientras el Relicario de Aksum siempre ha estado a salvo, lo más seguro es que el Arca de los Querubines fuera destruida por Nabucodonosor o, haciendo muchas concesiones, escondida en algún lugar dentro o fuera de Jerusalén cuya existencia se desconoce.

- Parece clara la vinculación de la Orden del Temple con Etiopía dadas las cruces patadas que podemos encontrar en las iglesias de Lalibela, construidas supuestamente por ángeles —recordemos que los ángeles son representados aquí como hombres blancos—. Además de la pintura en una de las claves de arco en Beta Mariam de la mezquita Al Aqsa rematada por cruces, algo que solamente ha sucedido cuando los templarios tuvieron allí su cuartel general, sin contar el retablo de la Virgen Negra que se encuentra en el interior del monasterio de Santa María de Sion.

- En la talla de la cripta de Saint Denis, el Arca es conducida por hombres vestidos con turbantes cuyos rostros parecen claramente africanos.

- Mientras el rey Lalibela estuvo exiliado en Jerusalén, unos «ángeles» le instaron a regresar a su tierra para recuperar su trono y construir una réplica de Jerusalén. Luego, esos mismos ángeles ayudarán al rey en los trabajos de edificación de dichas iglesias y tal vez custodiaran el Arca.

- Al igual que el rey Lalibela hizo una representación de Tierra Santa en Etiopía, los templarios harán lo mismo en Jaén, llamada la capital del Santo Reino.

- Tal vez en algún momento, la Orden del Temple se hiciera con parte del contenido del Relicario de las Tablas, al que llamaron Grial. Recordemos que *gradal* —o *gradales*— es la palabra latina que designa un contenedor, aunque también puede referirse a un joyero. El Grial del Temple, en su origen, tal vez solo fuese una piedra en la que podían verse letras escritas —quizás los Diez Mandamientos— pero que los influjos de la Orden del Císter camuflaron bajo el mito artúrico de una copa. Esa piedra, además, fue llamada *Lapsis Exillis* —la piedra exiliada—. Ahora vemos que con total acierto.

- Según la tradición etíope, el Arca tenía un brillo cegador. Cuando la doncella Repanse de Schoye entra en el castillo del Rey Pescador llevando el Grial, el relicario desprende el mismo fulgor que suponemos pudo tener el Arca.
- En algún momento, Robert de Boron y la Orden del Císter se encargaron de ligar la Copa Papal con el Santo Grial.
- El *Cuento del Grial* de Troyes afirma que los custodios del Grial, antes de que quedara en manos de la joven Repanse, fueron los ángeles. Como hemos visto, «ángeles» es como llamaban también los etíopes a los caballeros del Temple.
- Si, según Wolfram Von Eschembach, la tierra del Grial es la tierra del Preste Juan, y la tierra del Preste Juan es Etiopía, necesariamente el Grial debe ser el relicario con las primeras Tablas de la Ley que se custodian en Aksum.
- Puede que las vírgenes negras representen realmente a la reina de Saba en lugar de a la Virgen María, y estén indicándonos veladamente dónde se encuentra en realidad el Arca.
- Está claro que los templarios conocían que el Arca —al menos la de Etiopía— no tenía tallados querubines encima, como demuestran las escenas de Saint Denis y del Pórtico Norte de la catedral de Chartres.
- Por otra parte, Wolfram Von Eschembach encontró el relato del Grial en Toledo, donde un judío llamado Flegentanis aseguraba haberlo leído en las estrellas. Como ya hemos mencionado, la constelación del Carro es muy semejante a la figura del Arca de la Alianza. Además, está custodiada por la estrella Arc-Turus, por tanto, es posible que la carreta que vemos en los grabados de Chartres y Saint Denis, donde va montada el Arca, no sea necesariamente una escena de la Biblia, sino una advertencia para que miremos al cielo y sigamos la pista de los relatos artúricos si lo que queremos es encontrar el Relicario/Arca/Grial de la Alianza.
- Asimismo, recordemos que en el cielo estrellado podemos

ver dos constelaciones llamadas el Carro —la Osa Mayor y la Osa Menor— que simbolizarían igualmente las dos Arcas donde los hebreos guardaron las Tablas —la de los Querubines sería la más grande—. O incluso también podrían referirse al Relicario de Aksum y a parte de ese *Lapsis Exillis* que supuestamente el rey Lalibela regaló a los Pobres Caballeros de Cristo, y que pasó a llamarse el Santo Grial.

- Puede que el Grial que el rey Lalibela regaló a los templarios, con la caída de la Orden del Temple, se trasladara a Rosslyn y después a algún lugar de Norteamérica, como parecen sugerir las tallas de maíz indio que encontramos en dicha iglesia. Ese Grial no tiene por qué ser parte del Arca original, ya que en Etiopía se consideran igualmente sagradas todas las reproducciones del Tabot de Aksum.

- En Aksum todavía debe quedar parte de la primigenias Tablas, que han venido custodiándose desde siempre en la iglesia de Santa María de Sion.

- Que se construyeran dos templos para custodiar las dos Arcas —uno en Sion y otro en Elefantina— nos hace pensar que tal vez el rey Lalibela edificara su nueva Jerusalén para trasladar allí el Relicario de Aksum. ¿Qué sentido tendría una nueva Ciudad Santa sin el Arca? Como sabemos, el fundamento de Jerusalén era el de custodiar el Cajón del Pacto. Además, al rey Lalibela no le unía ningún lazo con la capital aksumita, ya que pertenecía a la dinastía Zagwe, por lo que tal vez el Arca, o parte de ella, finalmente se trasladara a la nueva capital del Imperio salomónico, y se encuentre hoy en la cámara subterránea que se ubica debajo de su tumba, en Beta Gólgota, o quizás en Beta Mariam, donde se oculta también el Pilar Maestro, dejando que la gente piense que sigue donde siempre, de ahí que el Guardián del Arca no haya cedido en mostrársela ni siquiera a la comitiva vaticana, ya que realmente no habría nada que mostrar.

- El Escudo del emperador Haile Selassie muestra un trono que bien podría ser un relicario —posiblemente a imagen del Tabot original que se guarda en Aksum— semejante a los cartuchos egipcios. Además tiene escritos los símbolos Alfa y Omega, así como dos ángeles que lo custodian, tal como se supone que es la caja que actualmente guarda el Relicario y las Tablas.

Escudo del emperador Haile Selassie. Wikimedia Commons.

Siempre hay una sonrisa que espera a unos ojos que anhelan

«Es cierto que aquellos que han creído, los judíos, sabeos y cristianos que creen en Allah y en el Último Día, y obran con rectitud, no tendrán nada que temer ni se entristecerán». Sagrado Corán 5, 69.

Era hora de partir. Mi vuelo saldría a eso de las dos de la tarde desde el pequeño aeropuerto de Aksum hacia Addis Abeba y, después de visitar el sepulcro del desaparecido rey Selassie —más conocido como *Ras Tafari*—, me despediría de Etiopía en un vuelo nocturno destino Madrid con escala en Roma.

Haile Selassie subió al trono tras la revuelta que depuso a su predecesor, Lij Iyasu después de su conversión al islam y el progresivo decaimiento de su tía la emperatriz Zauditu.

Selassie siempre estuvo a caballo entre las tradiciones ancestrales de su pueblo y el deseo de llevar a su país a la cabeza del mundo. Para ello se aseguró de la admisión de Etiopía en la Sociedad de Naciones, prometiendo antes que acabaría definitivamente con la esclavitud que todavía asolaba algunas regiones de su nación a principios del siglo XX. No obstante, tendría que lidiar con más de una revuelta por este motivo.

En los años 30, el régimen fascista de Mussolini puso de nuevo sus ojos en Etiopía, dispuesto a vengar la derrota sufrida en la batalla de Adua, y en 1935 invadió el país, forzando a Selassie a exiliarse a Bath, Inglaterra, desde el año 1936 al 1941.

Aunque le sería concedida la oportunidad de dirigirse a la Asamblea de Naciones, de poco o nada sirvieron las quejas del soberano frente al recién nombrado Imperio italiano, sin contar la amenaza de una segunda guerra mundial que planeaba por los cielos de Europa.

En 1941, fuerzas británicas que consistían principalmente en soldados etíopes coordinados por el coronel Orde Wingate, consiguieron liberar el país de las fuerzas invasoras y devolver el poder al Negus Nagast. Tras su vuelta al trono, el emperador se ocupó de procurar la autocefalia de la Iglesia etíope, tratando de imponer numerosas reformas sociales que se darían de bruces una y otra vez con la nobleza hasta que en 1974 el Derg —un grupo de mandos militares encabezados por Megistu Mariam— aprovechó la inestabilidad del país para dar un golpe de Estado y derrocar la monarquía.

Haile Selassie y su familia fueron encarcelados y el 27 de agosto de 1975, el rey de reyes fue encontrado muerto en extrañas circunstancias. Sus huesos, sepultados bajo una letrina, se encontraron en el año 1992, y el 5 de noviembre del 2000, Etiopía por fin decidió rendir honores al descendiente del rey Salomón en un funeral de Estado. Sus restos descansan hasta hoy en la catedral de la Santísima Trinidad de Addis.

Las vistas panorámicas de Aksum desde el Yeha Hotel, a las siete de la mañana, son sencillamente impresionantes. Mientras la pequeña población va despertando, los rayos de luz van colándose por entre los obeliscos de la plaza que se encuentra frente a la moderna iglesia de Santa María de Sion y el estanque de la reina de Saba, donde cada fin de semana los niños se reúnen para darse un chapuzón en recuerdo de la gobernante etíope más famosa del mundo.

Aksum es una ciudad anclada entre dos tiempos, con dos rostros muy distintos que quizás la hacen única en todo el mundo. Si bien la religiosidad está presente por todos lados, también la pobreza y la miseria campan a sus anchas entre las calles, algunas pavimentadas y otras sin pavimentar, de la capital del otrora Imperio salomónico, la cual no ha sabido adaptarse a la modernidad, invirtiendo en infraestructuras, educación y servicios, motivo por el cual se halla a la cola de las ciudades menos visitadas de África. Empero Aksum tiene el encanto de sus gentes, siempre amables, sonrientes y dispuestas a ayudar al extranjero; y de sus miles de tesoros todavía por descubrir que sin duda eclipsarían a los ya descubiertos. Pero, como decía, Aksum también tiene el problema de una incipiente pobreza que reúne a miles de mendigos de todas las edades frente a las puertas de sus lugares de interés para intentar sacar algunas monedas al turista que está de paso. Y, si bien la compasión siempre debe estar presente en la vida del peregrino, también debo confesar que cansa bastante tener que estar lidiando con decenas de personas que cada día te acechan, y que lo único que han aprendido a decir en tu idioma es «Give me money».

Resignado a dejar atrás un mundo que acababa de empezar a conocer, mochila a cuestas, bajé la empinada pendiente para desembocar en la Plaza de los Obeliscos, donde decidí entrar antes de tomar un tuc-tuc que me acercara al aeropuerto.

En 1937, los italianos robaron uno de los monolitos como botín de guerra y se lo llevaron a Roma, donde fue ensamblado en la Plaza de Porta Capena hasta que acordaron devolverlo el 4 de septiembre de 2008.

Bajo las estelas, decenas de tumbas de nobles y reyes etíopes descansan cual antiguos faraones sin hacer caso al paso del tiempo. Tras unos minutos deambulando por el jardín, quise también pasar al museo, donde la cruz patada del rey Ezana me estaba esperando con más preguntas que respuestas.

El museo consta de cuatro pequeñas salas en forma de L custodiadas por un amable anciano de mirada profunda que a veces dejaba escapar suspiros echando un vistazo por entre las ventanas rememorando tal vez la gloria aksumita de otros tiempos.

Movido por la curiosidad de todas las riquezas que tenía delante, requerí el conocimiento del anciano, quien no dudó en hacerme de cicerone. Como en casi todos los museos de Etiopía, una sala estaba dedicada exclusivamente a la música sacra, donde se exponía la escena en que el pie de san Yared era atravesado por la lanza del rey Gebre Meskel.

—Desde hace años, nosotros venimos utilizando distintos instrumentos como el sistro y el tambor para expresar algo que llevamos muy dentro. Nuestra música es una expresión de lo que nuestra alma siente cuando la presencia de Dios nos invade —dijo el anciano parado delante del cuadro. —Cuando cantamos o tocamos estos instrumentos, intentamos asemejarnos a los ángeles en sus rezos. Ellos no tienen yo. Su «yo» se lo han ofrecido al Señor, y el Señor, a cambio, les ha otorgado su cercanía…

En aquel momento me di cuenta de que aquel hombre conocía el secreto, sabía cuál era el verdadero Nombre de Dios. Mirándole fijamente, quise asomarme a sus ojos para descubrir en ellos los vestigios de una gran compasión que sin embargo antes me había pasado desapercibida. Pero, si el Nombre de Dios no podía ser revelado, ni pronunciado ¿cómo podía hacerle saber que yo también estaba en el secreto?

De repente me di cuenta de que, detrás de nosotros, había un retrato con la mezquita-mausoleo del rey Armah, el monarca etíope que permitió a los musulmanes habitar en su país en la época de Mahoma.

Decidido, me dirigí hacia la litografía.

—No sabía que había mezquitas en Aksum —dije sorprendido.

—No las hay. Esa se encuentra en las afueras de Mekele —contestó.

—¿Sabe usted que el testimonio de fe de los musulmanes asegura que no hay más dios que Dios?

—¡Así es! —exclamó el anciano.

—Es decir, que no hay más yo que Yo —me atreví a continuar sin apartar la vista de él.

Como si una luz iluminase su rostro, el hombre dio un paso atrás y me miró sorprendido.

—¿Cómo es posible? —acertó a preguntar mientras yo sonreía encogiéndome de hombros.

Tras unos segundos en los que el silencio invadió la pequeña estancia, acabamos abrazándonos, reconociendo el uno en el otro parte de nosotros mismos. Y nos despedimos, sabiendo no obstante que una fracción de aquel anciano volaría conmigo a España, mientras que una parte de mí se quedaría allí, mirando por aquella ventana, meditando quizás en el Nombre Secreto de Dios y custodiando los tesoros del museo de los Obeliscos de Aksum, frente a la capilla que guarda el Grial de la Alianza.

Capilla del Arca Santa María de Sion, Aksum.

Congregación para la misa dominical. Aksum.

Monasterio Antiguo al lado de la Capilla del Arca. Aksum.

Plaza de los Obeliscos con iglesia nueva de Santa María de Sion al fondo.

Tumba del Rey Bazen. (Baltasar).

Procesión de la fiesta del hallazgo de la Vera Cruz (Meskel) Lalibela.

Cruz Patada. Beta Mariam. Lalibela.

Amd, o Pilar de la Fe, flanqueado por estrellas
de David. Betal Mariam. Lalibela

Monje Custodio de Beta Medhane Alem, Lalibela.

«Estando en la puerta de la Casa de Dios, llamé con insistencia hasta que mi Amado preguntó:

—¿Quién está llamando?

—Soy yo —respondí—. ¡Abre!

—¡Márchate! Pues no hay sitio en mi mesa para el que está inmaduro. Solo el fuego de la distancia y la separación cuece y deja libre de impurezas.

Me marché sollozando y todo un año me lo pasé consumiéndome en ese fuego. Ya cocido y consumido, volví de nuevo a su casa, llamé a la puerta, atento a no decir ninguna incorrección.

—¿Quién está ahí? —preguntó Él.

—Eres Tú mismo quien está a la puerta, ¡oh robacorazones! —contesté.

—Ahora que eres Yo, entra. Entra ¡oh, Yo!, porque no hay en mi mesa sitio para dos».

99 cuentos y enseñanzas sufíes.

Bibliografía

Los Hijos Secretos del Grial. M. Hopkins, G. Simans y T. Wallae-Murphy, Ediciones Martínez Roca 2001.

The holy blood and the holy Grail. Michael Baigent, Richard Leigh y Henri Lincoln. Jonathan Cape 1982.

Timothy Freke y Peter Gandy «*Los Misterios de Jesús*» Editorial Grijalbo 2000.

La Búsqueda del Santo Grial. Graham Hancock. Ediciones Martínez Roca 2006.

Sagrada Biblia de Jerusalén.

Antigüedades Judías. Flavio Josefo.

Guerras Judías. Flavio Josefo.

Sagrado Corán.

Jesús o el Secreto Mortal de los Templarios. Robert Ambelain. Martínez Roca S.A. 1997.

Jesús. Aproximación histórica. José Antonio Pagola. Editorial PPC 2013.

Cristianismos Olvidados. Antonio Piñero. Editorial Edaf 2007.

Kebra Nagast.

99 Cuentos y Enseñanzas Sufíes. Editorial Almuzara 2016. Manuel Fernández Muñoz.

La Sábana Santa. ¿Milagrosa Falsificación? Julio Marvizón. Editorial Giralda 2000.

Guía Histórica, Mística y Misteriosa de Tierra Santa. Por los Caminos del Señor. Editorial Almuzara 2017. Manuel Fernández Muñoz

Los Secretos Templarios, Juan García Atienza. Biblioteca Espacio y Tiempo 1992.

Parzival. Wolfram Von Eschenbach.

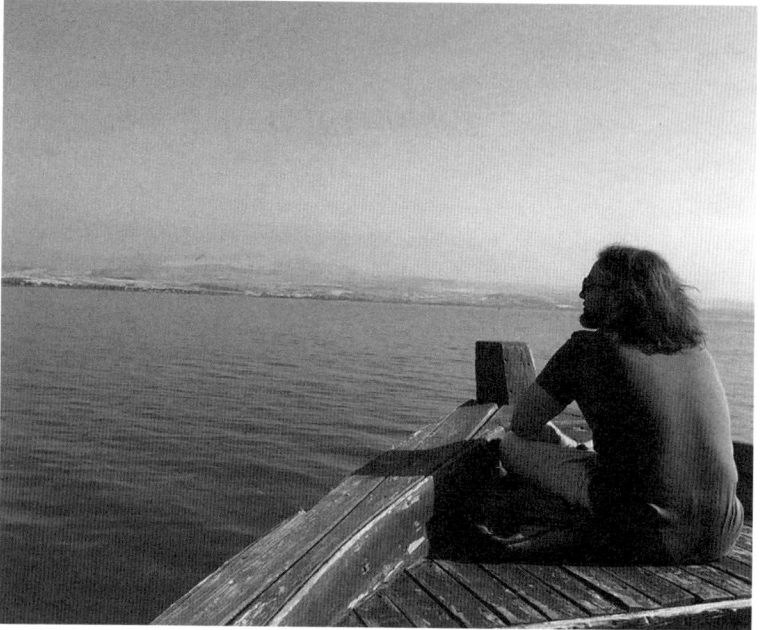

latabernadelderviche@outlook.com

Dedicado a mi buen Dios. Gracias a mi familia más querida
por acompañarme en este viaje que es la vida. Gracias a Dios
por todo.

Agradecimientos

Este libro no habría sido posible sin el apoyo de algunas personas, entre ellas Rafi, el amor de mi vida. Gracias también a mi madre Matilde por su ejemplo de fuerza y de cariño incondicional. A Miguel Blanco, quien siempre confió en mí contra viento y marea. Gracias por supuesto a Manuel Pimentel por su confianza, y a Ana Cabello por su labor en la edición de mis libros. Gracias a todas las personas que me ayudaron en mis viajes, en cada investigación y a resolver cada duda. A mi hermanita Inma, mi mejor secretaria. Gracias también a mi buen amigo Ángel por confiarme el secreto del Nombre. Y gracias sobre todo a Dios, porque nunca me suelta de su mano por mucho que a veces yo me empeñe en soltarme de la suya.